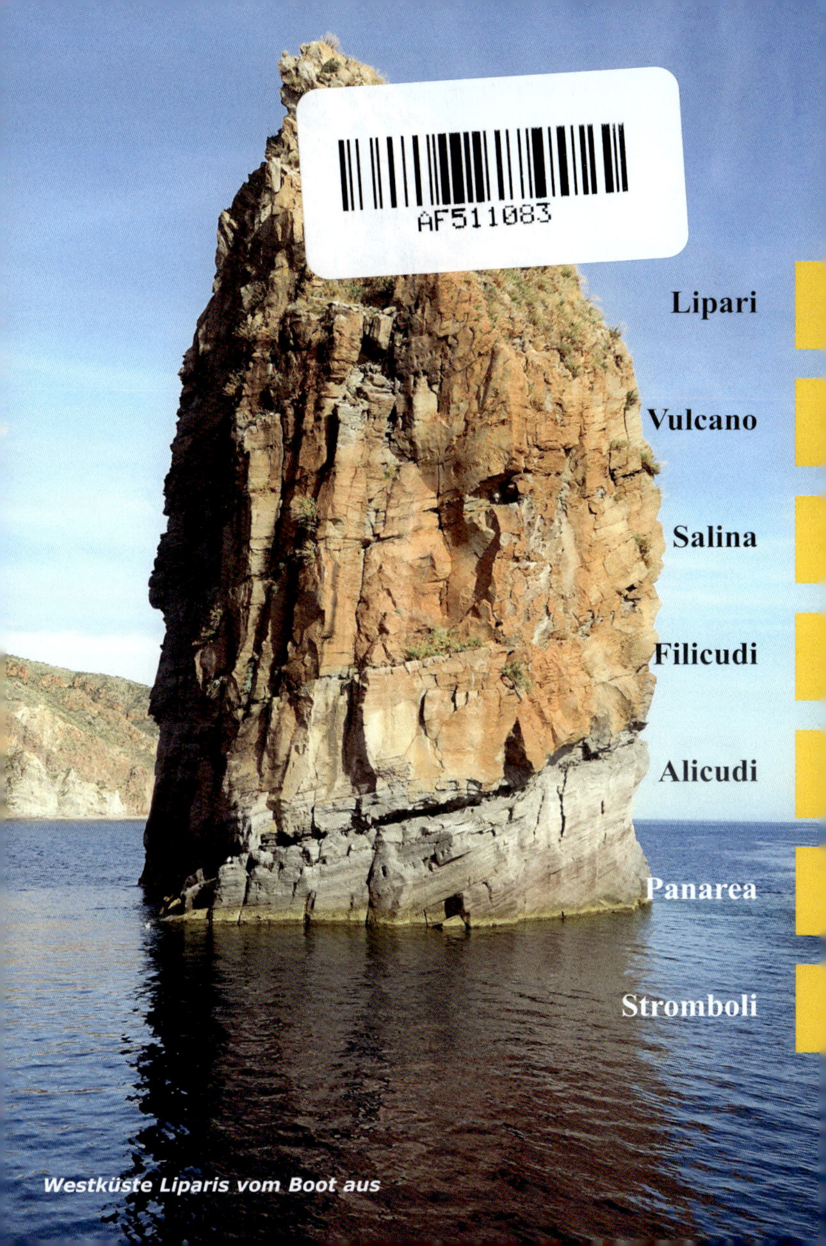


*Westküste Liparis vom Boot aus*

# Liparische Inseln

Dieses OutdoorHandbuch wurde konzipiert und redaktionell erstellt vom:


Conrad Stein Verlag GmbH
Kiefernstr. 6, 59514 Welver
☎ 023 84/96 39 12
info@conrad-stein-verlag.de
www.conrad-stein-verlag.de
www.facebook.com/outdoorverlag
www.instagram.com/outdoorverlag





Druckprodukt mit finanziellem **Klimabeitrag**
ClimatePartner.com/53106-2402-1013


Als Outdoor-Verlag sind uns der Schutz und die Erhaltung der Natur seit jeher ein besonderes Anliegen. Auch in Sachen Klimaschutz haben wir eine Vorreiterrolle inne: Wir sind der einzige Buchverlag in Deutschland, der bereits seit 2008 seine Bücher konsequent klimaneutral in Deutschland produzieren und transportieren lässt. Dabei wird nicht nur klimaneutral, sondern auch nachhaltig, d. h. so umweltschonend wie möglich produziert, z. B. durch die Auswahl von umweltfreundlichen Materialien. Die bei der Produktion der Bücher entstandenen $CO_2$-Emissionen werden durch die Unterstützung von zertifizierten Klimaschutzprojekten ausgeglichen. Jedes Buch wird daher mit dem Logo „klimaneutral" und einer Climate-Partner-Zertifikatsnummer versehen. Mithilfe dieser Nummer können Sie unter www.climatepartner.com Informationen zu der eingesparten $CO_2$-Menge und dem Projekt finden, das mit der Abgabe gefördert wird.

Das Engagement des Conrad Stein Verlags wurde im Rahmen des Projekts „Klimaneutraler Buchverlag" mit dem Westenergie Klimaschutzpreis 2022 ausgezeichnet.

OutdoorHandbuch Band 334

ISBN 978-3-86686-832-8 2., überarbeitete Auflage 2024

Text: Wolfgang Barelds
Fotos: Idhuna Barelds (S. 125-138), alle übrigen Wolfgang Barelds
Karten: Dieter Großelohmann
Lektorat: Ricarda Kuschma
Layout: Anna-Lena Ebner

Gesamtherstellung: AZ Druck und Datentechnik GmbH, Kempten

Dieses OutdoorHandbuch hat 160 Seiten mit 52 farbigen Abbildungen sowie 23 farbigen Kartenskizzen im Maßstab 1:25.000 und 1:50.000, 23 farbigen Höhenprofilen und einer farbigen, ausklappbaren Übersichtskarte.



Titelfoto: Abstieg vom Monte Fossa (Tour 13)

# Inhalt

☺ Eine **Übersichtskarte** der Wege, **Autorenprofil** sowie eine Liste aller verwendeten **Symbole** in diesem Buch finden Sie auf den vorderen und hinteren Umschlagseiten bzw. -klappen.

# Wandern auf Vulkaneilanden

„Liparische Inseln – wo sind die denn?“ – das ist oft die erste Frage, wenn man von dieser Inselgruppe spricht. Die andere Bezeichnung, „Äolische Inseln“, klingt griechisch, tatsächlich liegt dieser italienische Archipel aber zwischen Sizilien und Neapel und besteht aus sieben vulkanischen Inseln, deren bekannteste Stromboli mit dem gleichnamigen Vulkan ist.

Wie in vielen anderen italienischen Regionen finden Sie hier eine faszinierende Landschaft, die dazu einlädt, die Inseln zu Fuß zu erkunden. Geologische Höhepunkte sind Vulkane in unterschiedlichen Stadien. Allerdings lässt die Infrastruktur zum Wandern zu wünschen übrig: Wegweiser und Wandertafeln sind Mangelware, die Pflege der Wege ist sehr unterschiedlich und ändert sich jedes Jahr. Das eine Jahr sind manche – auch Teile der hier beschriebenen Wege – infolge wuchernder Vegetation (u. a. Brombeeren) nur schwer begehbar (etwa Touren 3, 5, 8, 9, 17), das andere Jahr sind Zwischenstücke ohne jeden Zusammenhang in idealem Zustand. Auf jeden Fall empfiehlt sich vor der Tour ein Blick auf die Website des Verlages mit Updates zu den Wanderungen.

So oder so ist auf jeden Fall viel Flexibilität nötig bei den Touren; jederzeit sind kurzfristige Änderungen möglich, ob bei Schiffsverbindungen oder Wanderwegen. Letztere können infolge starker Regenfälle und dadurch entstandenen Hangrutsche unpassierbar sein. Das betrifft die Touren 3, 6, 8, 15, 16 und 21.

Als festes Quartier für einen Wanderurlaub bietet sich die Hauptinsel Lipari an, wo Sie viele Unterkünfte und eine gute Infrastruktur finden. Außerdem gibt es von Lipari aus die meisten Schiffsverbindungen zum Festland und zu den Nachbarinseln, sodass Sie von hier aus gut die anderen Inseln besuchen können.

Die in diesem Buch vorgestellten Wanderungen sind alle an einem Tag zu gehen – oft in wenigen Stunden – und tragen damit dem Klima sowie den nicht immer optimalen Schiffsverbindungen Rechnung. Beschrieben sind insgesamt 23 Wanderungen, von denen aber nur 22 nummeriert sind, weil nur diese aktuell regulär begangen werden können. Die letzte Tour – der spektakuläre Vulkanaufstieg auf Stromboli – kann man derzeit aus Sicherheitsgründen (auch mit Guide) nicht begehen und wird daher als „Bonustour“ ohne Nummer beschrieben für den Fall, dass das Verbot wieder aufgehoben wird.

Viele der Wanderungen lassen sich nach dem Baukastenprinzip zu einer größeren verbinden, sodass auch ausdauernde Wanderinnen und Wanderer auf ihre

Kosten kommen. Bei den einzelnen Touren finden Sie jeweils Tipps für günstige Verknüpfungen.

Ein Dank für aktuelle Infos geht an Kolleginnen und Kollegen aus der Wanderreiseleitung, vor allem Dr. Nadine Offermanns und Reinhold Spitzer.

Der Autor freut sich über Rückmeldungen von Leserinnen und Lesern an den Verlag, der auf seiner Website Updates und GPS-Daten zu den Touren bereitstellt.

# Reise-Infos

## An und Abreise

Die zwischen Neapel und Sizilien im Tyrrhenischen Meer liegenden Liparischen Inseln sind nur per Schiff ab Neapel oder Sizilien (v. a. Milazzo, teilweise auch Messina) zu erreichen.

✈ Als Anreiseflughäfen sind zuerst Catania, dann Neapel oder Palermo zu nennen, die allesamt mit Direktflügen ab Deutschland zu erreichen sind.

Von dort geht es weiter wie folgt:

▷ **Catania:** Direkt ab dem Flughafen fährt ganzjährig ein Direktbus zum Hafen von Milazzo: täglich ab Flughafen Catania 11:00 und 19:00, ab Milazzo Porto 8:45 und 15:45, April bis September auch zusätzlich ab Flughafen Catania 12:30, ab Milazzo 9:10, von Juni bis September täglich jeweils 6 Abfahrten: ab Flughafen Catania 9:10, 11:00, 12:30, 15:30, 17:00, 19:00, ab Milazzo 5:30, 8:30, 9:50, 12:10, 14:20, 15:45 (€ 15, hin und zurück € 26, Dauer: 2 Std., 💻 www.giuntabus.com → Orari). Tickets gibt es im Internet oder am Fahrkartenkiosk vor dem Flughafen (rechter Ausgang). Außerhalb dieses Zeitraumes geht es mit dem stündlich ab dem Flughafen verkehrenden Linienbus (etwa € 9, Fahrkartenkiosk vor dem Flughafen, rechter Ausgang, 💻 www.saisautolinee.it) zum Bahnhof Messina, von dort fährt etwa stündlich ein Bus in 45 Min. nach Milazzo zum Hafen (💻 www.giuntabus.com → Orari). Zwischen Catania und Milazzo verkehrt außerdem ein privater **Shuttle-Service**, der aber teurer ist (ab etwa € 25 p. P., 💻 www.alibrando.net).

▷ **Neapel**: Von 6:30 bis 23:30 fährt halbstündlich der Alibus zur Stazione Marittima an der Piazza Municipio (*linea speciale*, € 5, Dauer: ca. 30 Min., 💻 www.anm.it). Alternativ können Sie mit dem Taxi zum Hafen fahren (ca. € 30). Von dort geht es per Fähre zu den Liparischen Inseln (☞ 🚗).

▷ **Palermo**: Vom Flughafen Palermo (Station Punta Raisi) gibt es wenige (3) Bahnverbindungen täglich, mit Umstieg in Palermo Centrale oder Termini Imerese (Dauer: ca. 4 Stunden, 💻 www.trenitalia.it). Vom Bahnhof Milazzo fährt der Stadtbus Linie 5 zum Hafen (Porto molo Marullo) (💻 www.astsicilia.it/orari-autolinee-urbane → Milazzo). Von dort geht es per Fähre zu den Liparischen Inseln (☞ 🚗).

Ab Milazzo fahren mehrmals täglich Autofähren sowie Schnellboote zu den Liparischen Inseln. Meistens wird zuerst Vulcano bedient (ca. 1 Std. bis 1 Std. 30 Min. Fahrzeit), danach Lipari (weitere 15 bis 20 Min.). Die Fahrt mit der Autofähre kostet etwa € 15 (zzgl. ca. € 2 bei Vorausbuchung), mit dem Schnellboot zwischen € 14 und 21 zzgl. Einreisesteuer. Diese betrug zuletzt € 2,50 bzw. in der Zeit vom 1.6. bis zum 30.9. € 5 pro Person. Die Preise für die Schnellboote schwanken um mehrere Euro, was von dem Auftraggeber der jeweiligen Fahrt und damit von öffentlichen Zuschüssen abhängt (Staat oder Provinz Sizilien).

Mindestens einmal täglich gibt es eine Schnellbootverbindung von Messina nach Lipari (z. B. 14:10, ca. € 26) bzw. andersherum (z. B. ab Lipari 7:00, an Messina 8:25).

Große Gepäckstücke (Koffer) kosten extra: bei Schnellbooten zuletzt (2024) € 5, bei Fähren € 1.

Die Verbindungen zwischen Milazzo und Lipari im Überblick (Nebensaison; ohne Sommer- und Wintermonate):

| **Reederei / Schiffstyp** | **Milazzo – Lipari** | **Lipari – Milazzo** |
|---|---|---|
| Siremar (Fähre) | 7:00 Mo bis Sa<br>9:00 täglich<br>14:30 Mo und Do<br>17:15 oder 18:15 täglich | 6:30 täglich<br>10:10 (tw. 12:05) Mi und Sa<br>14:00 täglich<br>17:15 (tw. 16:15) Mo bis Sa |
| Liberty Lines (Schnellboot) | täglich beinahe stündlich zwischen 7:00 und 19:10 mit 3-stündiger Lücke vormittags | täglich beinahe stündlich zwischen 6:50 und 19:15 |

Die letzte Abfahrt ab Milazzo zu den Inseln ist Mo bis Fr um 19:15 (im Sommer 19:45) mit dem Schnellboot von Liberty Lines!

Weitere Infos zu den Fährzeiten und Internet-Links: ☞ Verkehrsmittel

🚗 Für die Mitnahme von Autos auf die Inseln gelten Einschränkungen, z. B. ist oft die Mitnahme eines Autos nur möglich, wenn man sich mindestens 30 Tage auf der Insel aufhält. Im Sommer dürfen überhaupt keine Autos mitgenommen werden (Anfang Juni bis Ende September – auf Stromboli, Panarea, Alicudi bis Ende Oktober). Ohnehin ist die Mitnahme des Autos eigentlich nicht nötig, denn die Entfernungen auf den Inseln sind minimal und die Busverbindungen auf den beiden Hauptinseln Lipari und Salina gut.

Auf dem Landweg aus dem Norden anreisende Autofahrer nehmen am besten die Autofähre ab Neapel, die Dienstag- sowie Freitagabend (20:00) Richtung Milazzo in See sticht und am Folgetag nach etwa 12 Std. Fahrzeit die Liparischen Inseln erreicht. Die Fähre hat allerdings ihre besten Tage hinter sich! 💻 www.carontetourist.it/en/siremar

☺ Tipp für aus Sizilien anreisende Autofahrerinnen und Autofahrer: Lassen Sie Ihr (Miet-)Auto in Milazzo stehen. Dort bietet die Autofirma Adige einen Parkservice an für € 10 pro Tag: Man kann das Fahrzeug auf dem (gesicherten) Firmengelände (Via XX Luglio 20/22, etwa 500 m vom Hafen entfernt) stehen lassen und wird von dort gratis zum Hafen gefahren bzw. dort abgeholt: Garage Adige Giuseppe, Via A. De Gasperi 21, Milazzo, ☏ 090/928 45 47, ☏ 34 95 73 69 00, ✉ g.adige@tiscali.it

## Vorsicht, Schiffsausfälle!

Die Liparischen Inseln haben nicht zu Unrecht in Italien den Namen *Isole Eolie*, „Äolische Inseln“, benannt nach dem griechischen Halbgott des Windes (Äolus). Durch die Lage am Nordende der Straße von Messina und den oft unterschiedlichen Luftdruckverhältnissen im nördlichen und südlichen Mittelmeer weht der Wind häufig so stark, dass hohe Wellen den Schiffsverkehr nicht nur unangenehm für Fahrgäste, sondern teilweise ganz unmöglich machen. Viele Häfen sind nämlich ohne schützende Kaimauer gebaut, sodass schon leichter Wellengang reicht, um Schiffe am Anlegen zu hindern. Das betrifft v. a. die Häfen von Stromboli und Panarea, wo manchmal tagelang keine Schiffe anlegen können, vor allem bei Winden aus südlicher bis östlicher Richtung (Scirocco).

Kalkulieren Sie daher bei viel Wind (ab Windstärke 4) sowie generell Wind aus südöstlicher Richtung genügend Pufferzeit ein und beachten Sie Mitteilungen auf der Website der Schifffahrtslinien sowie Aushänge an Fahrkartenschaltern. Bei

Mitteilungen mit Worten wie *avverse condizioni meteo/marine* (dt.: schlechte Wetterbedingungen) geht meistens nichts mehr, genauso übrigens beim Hinweis *sciopero* (Streik).

**Preisbeispiele:** Von Milazzo nach Lipari kostet die Fahrt mit dem Schnellboot € 14 bis 21 (1 Std. bis 1 Std. 30 Min.), mit der Autofähre € 15 (2 Std. bis 2 Std. 30 Min.). Mit dem Auto kostet es mindestens rund € 90 für eine Strecke.

# Standort & Unterkünfte

Für einen Wanderurlaub bietet sich ein festes Quartier auf der Hauptinsel Lipari an, weil von hier aus die meisten Schiffsverbindungen zu Nachbarinseln sowie zum Festland geboten werden. Außerdem sind die Auswahl an Unterkünften und das kulturelle und gastronomische Angebot am größten – das ist von Vorteil, falls man infolge starken Windes und daher ausfallender Schiffsverbindungen länger festsitzen sollte. Lipari bietet ein breites Spektrum an Übernachtungsangeboten, von Privatzimmern und B&B bis hin zu Hotels unterschiedlicher Kategorien. Bei den Kurzvorstellungen der einzelnen Inseln sind beispielhaft einige Unterkünfte genannt, die für Wanderinnen und Wanderer gut geeignet sind.

☺ Besonders günstig sind die Übernachtungspreise in der Vor- und Nachsaison, also April bis Juni sowie September und Oktober. Und das sind auch die besten Wandermonate.

# Pauschalreisen

Für die Liparische Inseln werden auch pauschale Wanderreisen angeboten. Der Vorteil: Man muss sich nicht selbst um Planung bis ins Detail kümmern, sondern folgt einfach den Wandervorschlägen der Unterlagen oder dem Guide. Und die etwas aufwendige Anreise wird organisiert. Das größte Angebot an Wanderreisen auf den Liparischen Inseln bietet Wikinger-Reisen mit mehreren Wanderprogrammen ab € 1.980 für 11 Tage inkl. Flug: 💻 www.wikinger.de.

Weitere Anbieter sind z. B. Siabella (12 Tage ab € 2.100 ohne Flug, 💻 www.siabella.de), travel to life (10 Tage ab € 1.440 ohne Flug, 💻 www.traveltolife.de) oder ASI (8 Tage ab € 1.830 mit Flug, 💻 www.asi-reisen.de).

# Verkehrsmittel

Alle Inseln sind mit öffentlichen Schiffen regelmäßig zu erreichen. Die größeren Inseln haben zudem öffentliche Busverbindungen. Taxis sowie private Bootsvermieter gibt es überall, sie sind bei den Beschreibungen der einzelnen Inseln angegeben.

Bei den Kurzinfos zu den Inseln sind alle Richtzeiten für die Nebensaison aufgeführt. In der Hauptsaison im Sommer fahren die Schiffe häufiger.

## Schiff

Es verkehren zwei verschiedene Reedereien mit unterschiedlichen Linien sowie Schiffstypen:

**Schnellboote** der Firma Liberty Lines bieten die häufigsten Verbindungen – nur für Personentransport. Die Schnellboote sind aber auch am teuersten (etwa 10-30 % teurer als Autofähren). Unterwegs sind verschiedene Typen mit Geschwindigkeiten von bis zu 35 kn (ca. 60 km/h): Tragflügelboote (*aliscafi*) sowie „normale" Schnellboote (*monocarena*).

Die **Autofähren** (*traghetti/navi*) fahren seltener. Sie sind am günstigsten. Die meisten Fähren sind recht betagt, dafür kann man im Gegensatz zu den Schnellbooten draußen sitzen. Ausnahmen davon sind die Schnellfähren Isola di Stromboli und Isole di Vulcano, in denen man nur drinnen sitzen kann. Die Firma Carontetourist betreibt zu den Liparischen Inseln die Fähren von Siremar und NGI, letztere sind aber wegen häufiger Gefahrguttransporte für Fußgängerinnen und Fußgänger in der Regel nicht buchbar und werden daher in diesem Buch nicht berücksichtigt.

Dazu kommt bei der Anreise eine Einreisesteuer (*Contributi Di Sbarco*) in Höhe von € 2,50 bzw. in der Hauptsaison (1.6.-3.0.9.) € 5 pro Person. Diese wird auch bei Linienschifffahrten von Salina (Rinella) nach Lipari erhoben (da Salina nicht zur Gemeinde Lipari gehört). Außerdem muss für größeres Gepäck gezahlt werden: bei Schnellbooten € 5, bei Fähren € 1.

Infos/Fahrzeiten im Internet (bzw. entsprechende Apps):

- Siremar (Fähren): www.carontetourist.it/it/siremar
- Liberty Lines (Schnellboote): www.libertylines.it

- Position von Fähren in Echtzeit: 💻 www.marinetraffic.com

✋ Schiffsausfälle – auch sehr kurzfristige – sind leider keine Seltenheit, meistens aus meteorologischen (zuviel Wind bzw. Seegang) oder auch technischen Gründen. In diesen Fällen wird der Kaufpreis auf Antrag online oder vor Ort am Schalter rückerstattet. Vor allem bei Südostwind (Scirocco) kommt es oft zu Störungen/Stornierungen im Schiffsverkehr, weil viele Häfen dann besonders den Wellen ausgesetzt sind!

Neben den öffentlichen Schiffen bieten private Bootsfirmen **Tagesexkursionen** sowie Transfers zu einzelnen Inseln an. Auf Lipari sind die vielen Büros der Anbieter bzw. Vermittler kaum zu übersehen (*escursioni*).

Etablierte Anbieter auf Lipari, die oft Wanderinnen und Wanderer mitnehmen:

- Popolo giallo, ☏ 090/981 12 10, 📱 33 87 20 89 88, ✉ popologiallo@gmail.com, 💻 www.popologiallo.it, Agenturen an beiden Häfen
- Gruppo Regina dei Mari, ☏ 090/982 22 37, 📱 33 88 37 91 79, ✉ reginadeimarilipari@gmail.com, 💻 www.eolieexcursions.it, ebenfalls an beiden Häfen

Richtpreise für Tagesexkursionen ab Lipari (einfache Transfers kosten etwa 2/3 davon): Panarea und Stromboli € 50, Salina € 40, Vulcano € 20, Filicudi und Alicudi € 55.

## Linienbusse

Auf den größeren Inseln Lipari, Salina und Vulcano gibt es öffentliche Busverbindungen. Bustickets sind immer direkt im Bus erhältlich und kosten je nach Entfernung etwa zwischen € 1,30 und 3. Auf Lipari gibt es noch günstigere 10er- oder 20er-Tickets (☞ S. 22).

Weitere Infos zu den Busverbindungen und Kontaktadressen finden Sie in den Beschreibungen der einzelnen Inseln.

# Öffnungszeiten

Die üblichen Öffnungszeiten für Läden: Mo bis Sa 9:00-13:00 und 17:00-21:00, So oft auch vormittags. Supermärkte sind werktags teilweise durchgehend geöffnet.

# Preise

Im Vergleich zu Deutschland ist die Gastronomie recht günstig, Hotels sind in der Nebensaison ähnlich teuer wie in Deutschland, in der Hauptsaison aber hoffnungslos überteuert, nicht selten bis zu 3-mal (!) so teuer wie in der Nebensaison.

**Preisbeispiele für die Gastronomie:** Tagesmenü ab € 15, Cappuccino oder Eis ab € 2,50, Glas Wein ab € 3, Bier ab € 4.

# Telefon

Die internationale Vorwahl nach Italien ist 00 39, weiter geht es mit der Handynummer oder der Ortsnetzzahl, bei Letzterer allerdings MIT der Null vorneweg, z. B. 00 39-090 … Italienische Handy-Nummern beginnen immer mit der Ziffer 3 (ohne 0).

Von Italien nach Deutschland wählt man 00 49, weiter geht es mit der Handynummer oder Ortsnetzzahl OHNE die Null, z. B. 00 49-41 21 …

# Wanderinfrastruktur

Es gibt auf den Inseln nur wenige durchgehend markierte Wanderwege. Als Wege zum Wandern dienen überwiegend alte Zugangswege zu Terrassen sowie kleine, nur wenig befahrene Straßen. Von den alten Zugangswegen wachsen viele im Winter stark zu und werden stellenweise und sehr sporadisch vom Gemeinde- oder Forstpersonal sowie Wanderguides freigehalten.

Eine positive Ausnahme für Markierungen ist die Insel Salina mit Wegweisern und überwiegend gut angelegten, gepflegten und nummerierten Wanderwegen.

☺ Giftschlangen gibt es keine auf den Liparischen Inseln. Auf allen Inseln kommt nur eine Schlangenart vor: die Gelbgrüne Zornnatter (lat. *Hierophis viridiflavus*), deren auf den Liparischen Inseln vorkommende Variante durchweg schwarz ist. Wie die meisten Nattern ist diese ungiftig. Manchmal huschen diese bis zu 1,8 m langen Schlangen über den Weg, haben aber in der Regel mehr Angst vor Menschen als andersherum.

💧 Wasser ist Mangelware auf den Inseln, denn der vulkanische Boden ist bis in tiefe Schichten wasserdurchlässig, sodass sich auf den Inseln – mit Ausnahme von Salina – kein Grundwasser sammeln kann.

Vom Trinken des Leitungswassers ist abzuraten; dieses ist oft stark gechlort, da es einen weiten Weg auf alten Seelenverkäufer-Schiffen aus Sizilien, Neapel oder Kalabrien hinter sich hat und mehrere Tage lang in Zisternen gelagert wird. Folglich ist Trinkwasser kostbar und das erklärt auch, warum es kaum Swimmingpools auf den Inseln gibt. Zunehmend kommt das Trinkwasser auf Lipari aus der jüngst erweiterten Meerwasserentsalzungsanlage in Canneto.

☺ Als Alternative bleiben Plastikflaschen mit Wasser aus Supermärkten, zwar günstig (ab € 0,30 pro Liter), aber nicht gerade umweltfreundlich.

# Wandern mit Hund

Wandern mit Hund ist bei einigen Wanderungen möglich, allerdings ist die Anreise mit Hund (bei Flug) nicht ganz einfach.

▷ Der Untergrund besteht auf einigen Wegen aus härterem, aber oft bröckeligen vulkanischen Gestein, das in der Regel für Hundepfoten gut geeignet ist. Bei Zweifeln seien Hundepfotenschuhe empfohlen, erhältlich in gut sortierten Outdoor-Läden (oder bei 💻 www.globetrotter.de).

▷ Wasser-/Trinkstellen sind Mangelware. Eine Wasserflasche für den Hund gehört zur Standardausrüstung.

▷ Bei Fahrten in öffentlichen Verkehrsmitteln (Schiffe, Busse) müssen Hunde in der Regel (offiziell) einen Maulkorb tragen. Es ist daher gut, diesen zumindest dabeizuhaben, denn nicht immer kann man sich darauf verlassen, dass die Fahrerinnen und Fahrer tierlieb sind und ein Auge zudrücken.

▷ Hundebesitzerinnen und Hundebesitzer sollten wissen, dass im Mittelmeerraum, so auch auf Lipari, durch Sandmücken die Krankheit Leishmaniose übertragen werden kann. Dagegen hilft dann nur eine aufwendige Behandlung (Infusion) beim Tierarzt. Zur Vorbeugung helfen (Insekten-) Mittel, u. a. gegen Sandmücken. Für weitergehende Fragen konsultieren Sie Ihren Tierarzt.

▷ Frei laufende Hunde können eventuell Ihre Hunde belästigen, die meisten Insel-Hunde sind nach Erfahrung des Autors aber äußerst „sozial".

▷ Tüten für Hundekot gibt es so gut wie nirgends, zumindest in besiedelten Bereichen ist Wegräumen in mitgebrachten Tüten erwünscht!

## Wandern mit Kind und Buggy

Fast alle Wanderungen – mit Ausnahme der herausfordernden Gipfeltouren auf Salina (Touren 13, 14), Filicudi (Tour 17) und Stromboli (Bonustour) – sind gut für Kinder geeignet; sie sind nicht zu lang und relativ kurzweilig mit mehreren Höhepunkten und stellenweise auch Badegelegenheiten am Weg.

Für Buggys sind viele Touren wegen der Stufen und enger, z. T. bewachsener Pfade nicht ideal. Wenn Sie Touren mit Buggy planen, dann sollten Sie mit einem outdoorgeeigneten Wagen unterwegs sein und als Eltern eher zur Kategorie der Hardcore-Wanderinnen und -Wanderer gehören.

## Klima & Reisezeit

Lipari hat ein typisch mediterranes Klima, d. h., die Temperaturen sind ganzjährig mild und im Sommer teilweise recht hoch. Von großer Bedeutung für das Wettergeschehen ist die Windrichtung. Besonders gefürchtet ist der **Scirocco** – ein Südostwind, der oft mit Wüstensand angereicherte, dunstige heiße Luftmassen aus Afrika heranträgt, zu erkennen an einer dünnen Sand-/Staubschicht nach Regen auf Autos und Gegenständen. Weil viele Häfen nach Süden ausgerichtet sind, erschweren die mit dem Scirocco einsetzenden Meereswellen aus südlicher Richtung das Anlegen von Schiffen bzw. machen es unmöglich. Die Folge: Viele Schiffsverbindungen fallen aus. Zudem verdunstet bei der heißen Luft viel Mittelmeerwasser, sodass sich die Luftmassen mit viel Feuchtigkeit anreichern und es bei fallender Temperatur schnell Regen gibt. Folge: instabiles Wetter.

**Klimatabelle Lipari:**

| | Jan | Feb | März | April | Mai | Juni | Juli | Aug | Sep | Okt | Nov | Dez |
|---|---|---|---|---|---|---|---|---|---|---|---|---|
| Ø Temperatur (°C) | 12 | 12 | 13 | 15 | 18 | 22 | 25 | 26 | 23 | 20 | 17 | 13 |
| Sonnenstunden am Tag | 6 | 7 | 7 | 8 | 9 | 11 | 11 | 12 | 9 | 7 | 6 | 5 |
| Ø Wassertemperatur (°C) | 15 | 14 | 14 | 16 | 19 | 23 | 26 | 27 | 26 | 23 | 20 | 17 |
| Ø Regentage im Monat | 10 | 6 | 7 | 5 | 4 | 3 | 2 | 2 | 6 | 7 | 8 | 10 |
| Ø Niederschlagsmenge (mm) | 76 | 69 | 54 | 40 | 21 | 12 | 12 | 15 | 47 | 86 | 85 | 92 |

Auf den Liparischen Inseln ist wie in anderen italienischen Gebieten in den Sommermonaten Hauptsaison, von Juli bis Anfang September. Zum Wandern ist diese Zeit sowieso zu heiß, außerdem sind die Hotels dann bis zu 3-mal teurer als in der Nebensaison. Für Wanderer ideal sind die Vorsaison (April bis Juni) und die Nachsaison (September, Oktober), wenn die Temperaturen nicht zu heiß, die Inseln nicht übermäßig frequentiert und damit auch die Hotelzimmer bezahlbar sind. Der Frühling ist besonders wegen der Vegetation mit blühenden Zistrosen, Ginster, Rutenkraut, Affodil und vielen anderen Blumen attraktiv, während das Meerwasser mit teilweise unter 15 °C noch nicht besonders einladend ist. Wer gerne Wandern und Baden kombiniert, kommt lieber in der Nachsaison.

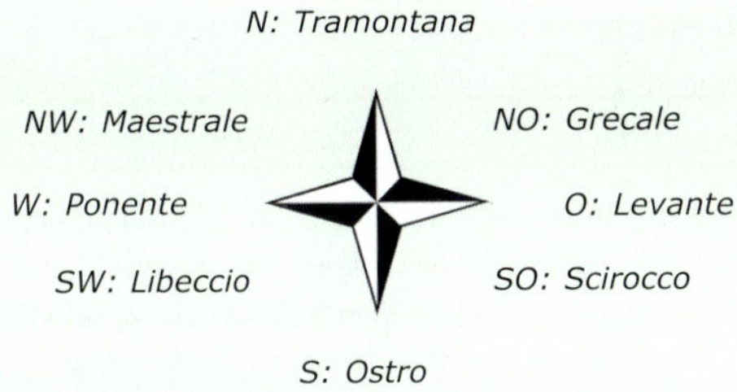


☺ **Nützliche Websites zur Wetter- & Wellenvorhersage:**
Wegen der Lage der Liparischen Inseln sind die Wettervorhersagen oft unsicher bzw. – je nach Quelle – sehr unterschiedlich:

Folgende Websites sind nach Erfahrungen des Autors recht genau und liegen verhältnismäßig oft richtig:

- www.windfinder.com/forecast/isola_di_salina (Wellen- und Windvorhersage)
- www.yr.no
- www.meteoam.it

# Karten & GPS

## Karten

Zum Wandern gibt es eine große Auswahl an Karten. Am besten geeignet ist der Maßstab 1:25.000 und daher hier auch empfohlen. In Deutschland am leichtesten erhältlich ist die Kompass-Karte, die alle Liparischen Inseln abdeckt. Aber auch die Wanderkarte aus dem italienischen LAC-Verlag können Sie vorab in Deutschland bekommen.

- ▷ Kompass-Karte Nr. 693: Liparische Inseln 1:25.000, ISBN 978-3991540083, € 12,95
- ▷ LAC-Verlag: Äolische Inseln/Liparische Inseln, touristische topografische Straßen- und Wanderkarte 1:30.000, ISBN 978-8833032894, € 11,90
- ▷ Weitere Karten (*Carta turistica e nautica,* 1:25.000) gibt es vor Ort, aber meistens mit weniger brauchbarer Kartografie zum Wandern.
- ▷ Karten der Serie Eolie-Trekking (Verlag Arbatus Editrice auf Alicudi), Karten aller 7 Inseln mit Kartografie zum Wandern auf Satellitenfotos mit Wandervorschlägen, jeweils € 6, erhältlich vor Ort und im Internet: 💻 www.eolietrekking.com

☺ Die Kartenempfehlungen wurden von der Geobuchhandlung Kiel überprüft, ☎ 04 31/942 49.

# GPS

Wenn Sie ein eigenes Outdoor-GPS-Gerät (z. B. der Marke Garmin) haben, ist das hilfreich, aber kein Muss, da viele Wege gut ausgeschildert sind. Für die Startpunkte der Touren sind in diesem Wanderführer die Koordinaten angegeben. Sie können die GPS-Tracks zu den Wanderwegen direkt auf der Internetseite des Verlags (💻 www.conrad-stein-verlag.de) oder auf der Homepage des Autors (💻 www.wibarelds.de) herunterladen.

📖 Tipps zum Umgang mit dem GPS-Gerät finden Sie in dem Ratgeber **„GPS** – Grundlagen · Tourenplanung · Navigation“ von Michael Hennemann, Conrad Stein Verlag, ISBN 978-3-86686-769-7, € 12,90.

# Updates

Es gibt immer wieder Änderungen auf den Wegen. Der Conrad Stein Verlag veröffentlicht deshalb Updates zu diesem Buch, die direkt vom Autor oder von Leserinnen und Lesern dieses Buches stammen. Bitte schauen Sie vor der Abreise auf die Verlagshomepage 💻 www.conrad-stein-verlag.de. Der abgebildete QR-Code führt Sie direkt zu der richtigen Seite.

# Lipari

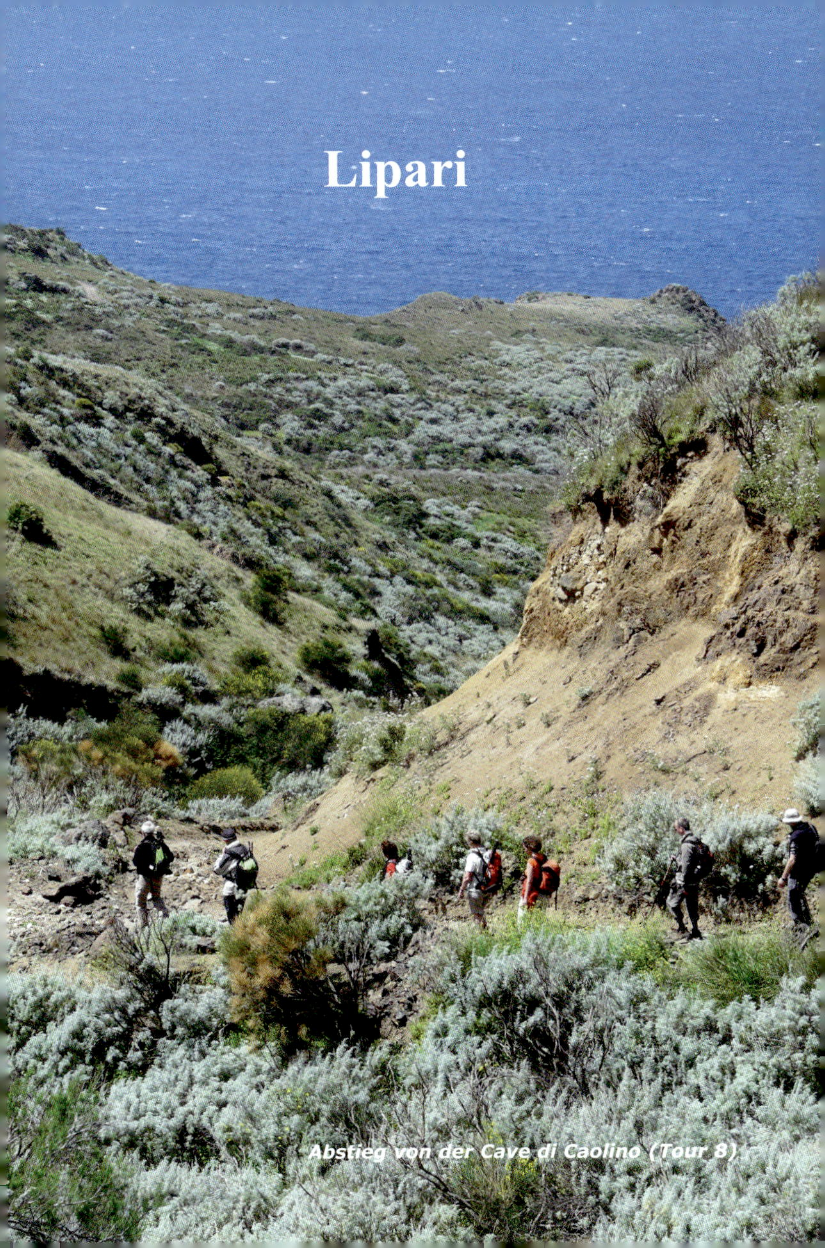

Abstieg von der Cave di Caolino (Tour 8)

Lipari ist Hauptinsel und Namensgeberin des Archipels. Von den rund 15.000 Einwohnerinnen und Einwohnern der Liparischen Inseln leben 10.500 auf Lipari, davon rund 5.000 im Hauptort Lipari-Stadt. Die Landschaft Liparis wird bestimmt durch folgende (nicht aktive) Vulkane: im Norden Monte Chirica (⇧ 602 m, Tour 7), Monte Sant'Angelo (⇧ 594 m, Tour 7), Monte Pilato (⇧ 477 m, Tour 3) und weiter südlich Monte Guardia (⇧ 369 m, Tour 5) sowie Monte Rosa (⇧ 240 m, Tour 2). Die Hauptinsel des Archipels bietet die größte Auswahl an Wanderungen. Allerdings werden nicht alle Wege regelmäßig gepflegt, manche können stellenweise etwas überwachsen sein. Neun Wanderungen sind hier beschrieben, von denen die meisten in der Stadt Lipari beginnen. Die Startpunkte der anderen Wanderungen sind einfach mit dem Linienbus ab Lipari-Stadt zu erreichen und enden überwiegend dort.

Die Hauptinsel des Archipels bietet die wichtigste Infrastruktur für das Inselleben. Läden, Schulen, Krankenhaus und viele Übernachtungsgelegenheiten sind vor allem in der einzigen Stadt der Liparischen Inseln zu finden: Lipari, wo sich das meiste Leben in der Hauptstraße Corso Vittorio Emanuele abspielt, die sich unterhalb vom Burgberg auf einer Länge von 1 km erstreckt und nachmittags für den Autoverkehr gesperrt ist – zur Zeit der italienischen *passegiata.*

Vor Lipari liegen regelmäßig bekannte Kreuzfahrtschiffe und Jachten vor Anker, darunter der 5-Mast-Segler „Royal Clipper", das größte Segelschiff weltweit – für elitäre Kreuzfahrten, die „Berlin" – das ehemalige ZDF-„Traumschiff" – oder die schwarze Jacht „Main" des Modezaren Giorgio Armani.

ℹ Ufficio del Turismo, Via Maurolico 17, ☏ 090/988 00 95, ✉ info.eolie@regione.sicilia.it, 🚪 Mo-Fr 9:00-13:00, Mi und Fr zusätzlich 16:00-18:00. Unauffälliges und wenig einladendes Touristbüro in einer Nebenstraße.

🛏 Viele der mehr als 25 Hotels sind nur in der Hauptsaison geöffnet. Ein gutes Preis-Leistungs-Verhältnis bieten beispielhaft folgende zwei Hotels unterschiedlicher Kategorie:

🛏 ✕ Bougainville, Via Paolo Borsellino e Giovanni Falcone, ☏ 090/981 27 57, 💻 www.hotelbougainvillelipari.com, DZ mit F ab € 120, 🚪 Anfang April bis Ende Oktober. Stilvolles und aussichtsreiches Viersternehotel, etwa 10 Gehminuten vom Hafen in verhältnismäßig ruhiger Lage. Geräumige Zimmer mit geschmackvoller Einrichtung, alle mit Balkon oder Terrasse (Meerblick mit Aufschlag). Die Hotelanlage wurde 2008 in typisch äolianischem Stil erbaut und einer traditionellen Gasse nachempfunden. Mehrere (Dach-)Terrassen mit toller Aussicht, mit Pool

🛏 Poseidon, Via Ausonia, ☏ 090/981 28 76, 💻 www.hotelposeidonlipari.com, DZ mit F ab € 120, 🚪 Anfang April bis Ende Oktober. Kleines, zentral gelegenes Dreisternehotel (17 Zimmer), weniger als 100 m vom Fährhafen und dem Busbahnhof entfernt. Besonders ruhig sind die Zimmer zum Innenhof. Ordentliches Frühstück mit sehr gutem Kaffee.

**B&B** Diana Brown, Vico Himera 3, ☏ 090/981 25 84, 📱 33 86 40 75 72, 💻 www.dianabrown.it, DZ mit F ab € 70, 🚪 ganzjährig. In den engen Gassen am Rande der Altstadt gelegen, 5 Min. von Marina Corta. 12 Zimmer, 7 davon mit eigener Küche, tolle Dachterrasse, ☖. Die freundliche Inhaberin Diana ist gebürtige Südafrikanerin, die verheiratet mit dem Insulaner Salvatore auf Lipari lebt.

✕ Es gibt zahlreiche Restaurants in Lipari und Canneto. Zum Sitzen besonders schön ist die Marina Corta in Lipari, z. B. mit dem Fischrestaurant Al Pescatore. Typische kleinere Fischlokale sind A Sfiziusa nahe Marina Corta (Via Roma 29) sowie etwas versteckt die Trattoria del Viccolo (Vico Ulisse 15-17). Gute Pizzen gibt es nahe dem Fährhafen im Pescecane (Corso Vittorio Emanuele 223), auch mit Vollkornmehl. Leicht arabisch angehaucht ist die Küche im Kasbah, einem modernen Restaurant mit großem schönem Innenhof (Vico Selinunte 45, 💻 www.kasbahcafe.it). Eine legendäre Paninoteca unten am Hafen Marina Corta ist Gilberto e Vera (Via Garibaldi 22/24, ☞ S. 46/Tour 5).

🛒 Der größte Supermarkt der Insel (Decò) liegt nah am Fährhafen und bietet nicht nur Lebensmittel, sondern auch viele Non-Food-Artikel. 🚪 Mo-Sa durchgehend 9:00-21:00 sowie meistens So vormittags. Es gibt weitere kleinere Supermärkte in Lipari sowie in Canneto entlang der Uferstraße.

📖 Deutsche Presse-Erzeugnisse und die größte Auswahl an Literatur und Karten gibt es bei Belletti („La Stampa"), gegenüber vom Postamt.

📯 Die Post befindet sich in der Mitte des Corso Vittorio Emmanuele in einem farbig bemalten auffälligen Betongebäude, das vorher einem Bunker glich. Nummer ziehen nicht vergessen! 🚪 Mo-Fr 8:30-13:30 und 14:00-18:00, Sa 8:30-13:30

BANK In Lipari gibt es mehrere Banken bzw. Geldautomaten, die meisten am Corso Vittorio Emanuele.

⊞ Krankenhaus, südlich der Altstadt in der Via S. Anna, ☏ 090/988 51, Notfallnummer: ☏ 112

A Es gibt drei Apotheken. Eine besonders zentrale und größere ist die Farmacia Sparacino schräg gegenüber vom Postamt, Corso Vittorio Emanuele 174, ☏ 090/981 13 92.

⛴ Lipari hat zwei öffentliche Häfen, die beide unterhalb vom Burgberg liegen, aber an verschiedenen Seiten: Der **Porto Sottomonastero** unterhalb vom Rathaus ist der wichtigste mit allen öffentlichen Linienschiffen, also Fähren und Schnellbooten. Weiter südlich, auf der anderen Seite des Burgbergs, liegt die **Marina Corta**, der

Fischerhafen, den die vielen Ausflugsboote privater Anbieter und die Barkassen von Kreuzfahrtschiffen, die gelegentlich vor Lipari ankern, anlaufen.

Die Firma Urso unterhält auf Lipari ein überschaubares Busnetz mit zwei Hauptlinien, einem Stadtbus sowie einigen wenigen Verbindungen in Vororte von Lipari. Die westliche Hauptroute führt von Lipari über Pianoconte zur Westküste nach Quattropani, während die östliche Linie über Canneto nach Aquacalda im Norden der Insel führt. Tickets gibt es im Bus (etwa € 1,30 bis 3). ☺ Bei mehreren Fahrten auf Lipari lohnen sich 10er- oder 20er-Karten (sogenannte *tessere*) für jeweils € 12,50 oder 24 bei Fahrten nach Aquacalda und € 14 oder 28 zur Westküste (Richtung Quattropani). Damit kostet jede Fahrt auf Lipari nur rund € 1,30, unabhängig von der Entfernung. Die *tessere* gibt es direkt im Bus oder in Lipari beim Büro der Firma Urso am Fährhafen. Dort starten auch die Buslinien, direkt vor der Anlegebrücke für Schnellboote. Urso, ☏ 090/981 10 26, www.ursobus.com → Orario (unten auf der Website ist ein Link zur PDF-Datei mit dem Fahrplan).

Ahnungslose aus dem Ausland werden nicht selten Opfer am Busbahnhof herumlungernder Taxifahrer, die versichern, der Bus führe heute nicht. Zufällig seien sie gerade frei ... Eine alte Masche, aber immer wieder fallen Touristen darauf herein. Im Allgemeinen sind die Linienbusse auf Lipari zwar etwas betagt, fahren aber zuverlässig und relativ pünktlich – sogar an manchen Streiktagen! Allerdings wechseln die Fahrpläne häufig, im Oktober oft im Wochenryhthmus!

Am Taxistand beim Hafen für Schnellboote sowie abends bei der Marina Corta warten immer mehrere Taxen auf Kundinnen und Kunden, z. B. Taxi Antonio, ☏ 090/981 19 16, 33 41 13 24 77 oder Taxi Alessandro, 33 96 88 41 65. Preisbeispiel: Fahrt nach Pianoconte etwa € 25, Inselrundfahrt € 50. Verhandeln ist nicht unüblich.

Lipari ist keine Badeinsel und die schönsten der wenigen Strände liegen versteckt, z. B. die **Spiaggia Bianca** nördlich von Canneto, die **Spiaggia Valle Muria** an der Westküste (☞ Tour 6) und der Strand bei den ehemaligen Bimssteinbrüchen im Nordosten der Insel. Der größte Strand liegt an der Ostküste in Canneto. Er ist aber nur zu empfehlen, wenn man sich an den vielen kleinen Steinen (Badelatschen empfohlen!) und der Hauptstraße hinter dem Strand nicht stört.

# ❶ Stadtrundgang durch Lipari

*Tour für Kulturinteressierte*

*Dieser Stadtrundgang führt Sie zu den bedeutendsten kulturellen Bauten und macht Sie mit der 5.000-Einwohner-Stadt Lipari und den für Touristinnen und Touristen wichtigen Stationen vertraut. Dabei schlendern Sie nicht nur durch die Straßen mit den meisten Läden, sondern auch durch verträumte versteckte Gassen.*

Start/Ziel: Lipari, Anfang des Corso V. Emanuele beim Decò-Supermarkt, GPS N 38°28,178' E 014°57,279'
2,9 km
1 Std. 30 Min.
70 m/70 m; An-/Abstieg überwiegend am Stück
2-40 m
keine Markierung
großteils kleine Gassen sowie Bürgersteige, stellenweise mit Stufen
zahlreiche Einkehrgelegenheiten unterwegs
Sitzbänke am Burgberg (km 1) und an der Marina Corta (km 1,5)
zahlreiche kleine Läden aller Art, Supermarkt zu Beginn/am Ende (Decò)
Für Kinder ist die Tour gut geeignet, da sie abwechslungsreich und nicht zu lang ist.
Für Buggys ist der Weg gut geeignet, da es durchgehend durch die Stadt geht. Es müssen nur ein paar wenige Stufen/Treppen bewältigt werden.
Hunde dürfen überall mit.

Die Rundtour beginnt zentral nahe dem Fährhafen bzw. dem Corso Vittorio Emanuele vor dem Supermarkt Decò. Von dort folgen Sie dem Corso in nördliche Richtung, vorbei an mehreren Pizzerien. Nach 20 m geht es vor einem Geldautomaten rechts in die Via Amendola, die Sie auf den Fährhafen zuführt. Nach 50 m, links neben dem Eiscafé Moby Dick, nehmen Sie aber nicht die Treppe hinauf zum Fährhafen, sondern folgen der Straße nach rechts, um nach 50 m rechts aufwärts den Stufenweg zu nehmen (Salita Meligunis). Nach gut 50 m geht es scharf links auf der Treppe aufwärts. Sie führt zu einem Plateau oberhalb vom Fährhafen mit neu gestaltetem Park. Hier folgen Sie dem Bürgersteig geradeaus auf das große Gebäude zu (Rathaus). Ab dem Rathaus gehen Sie rechts und flanieren oberhalb der Steilküste auf die Burg zu. Links unterhalb liegt die Disco Tumalin mit grünem Dach.

Nach 100 m passieren Sie einen Parkplatz und nehmen den nach links aufwärtsführenden Weg hinauf zur Burganlage. Nach einem tunnelartigen Durchgang passieren Sie das Kassenhäuschen für das in der Burg befindliche Archäologische Museum (km 0,6), untergebracht in Gebäuden des früheren Gefängnisses und später einer Jugendherberge. Die Außenanlage der Burg selbst kann gratis betreten werden.

♜ Lipari wird von der alten **Burg** überragt, deren Mauern auf das 16. Jh. zurückgehen. Die Burganlage liegt auf einer alten vulkanischen Staukuppe und war schon in der Bronzezeit ein beliebter Siedlungsraum, der sich gut verteidigen ließ. Auf dem Burggelände sind rechts unten Mauerreste der vorgeschichtlichen Siedlungen zu sehen, die bei einem Vulkanausbruch im 6. Jh. (Monte Pilato) von schützenden Ascheschichten bedeckt wurden. 🚪 immer

⌘ Das **Museo Archeologico** von Lipari ist in mehreren Gebäuden auf dem Burgareal untergebracht und präsentiert wertvolle Fundstücke von der Jungsteinzeit bis hin zu den Römern, die in vorgeschichtlichen Siedlungen auf dem Burgberg von Lipari, auf Panarea (☞ Tour 22) und Filicudi (☞ Tour 16) und aus Schiffswracks vor den Liparischen Inseln zutage gefördert wurden. Das Museum ist wegen der vielen Exponate sehenswert, aber didaktisch nicht auf dem neuesten Stand. Die meisten Infotafeln sind auf Italienisch, auf Englisch gibt es nur Zusammenfassungen.

♦ ☏ 090/988 01 74, 🚪 täglich Mo-Sa 9:00-19:00, So 9:00-13:00. Die angeschlossene geologische Abteilung ist nur vormittags geöffnet. Eintritt € 6

✋ Einige Museumswärter nehmen es sehr genau und gewähren den Zutritt zu den Abteilungen nur in chronologischer Reihenfolge, also z. B. erst Bronzezeit, dann Antike. Nichts für „Jahrhundert-Hopper"!

Nach dem Durchgang und dem Kassenhäuschen geht es geradeaus über den Burgberg.

Nach links und rechts lohnen sich Abstecher zur Burgmauer mit Blick auf das Meer bzw. Lipari.

100 m nach dem Kassenhäuschen erhebt sich links die barocke Fassade der Kathedrale.

✞ Die ursprünglich normannische **Kathedrale San Bartolomeo** ist dem Schutzheiligen des Ortes gewidmet. Die sterblichen Überreste des Märtyrers San Bartolomeo sollen am 13. Februar 264 auf Lipari angespült worden sein. Seitdem ist der 13. Februar der Inselfeiertag, an dem alljährlich mit einer Prozession des heiligen Bartholomäus gedacht wird. In der Kirche sind zur Rechten der Kreuzgang (gegen eine Spende von € 1) und im linken Seitenschiff die Statue des heiligen Bartholomäus aus 30 kg Silber und 2 kg Gold sehenswert. Und nicht zu vergessen die vielen Katzen ...

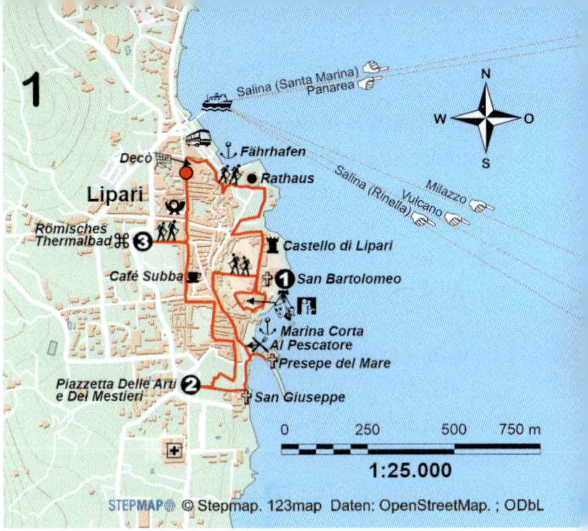


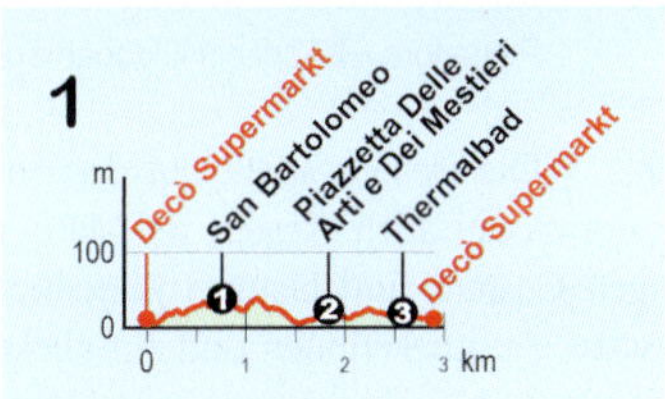


Mo-Sa 9:00-18:00, So nach Gottesdienst bis 13:00

## Die Reliquien des heiligen Bartholomäus

Der Legende nach hat Bartholomäus in Indien, Mesopotamien und zuletzt in Armenien gepredigt, wo er auch das Martyrium erlitten haben soll: Häutung bei lebendigem Leibe, anschließend Kreuzigung kopfunter. Andere Quellen berichten von einer Enthauptung des Heiligen, dessen Leichnam nach der Anlandung auf Lipari dort bestattet worden sein soll. Kaiser Otto II. brachte die Gebeine 983 nach Rom, wo sie heute in der Kirche San Bartolomeo all'Isola aufbewahrt werden. Die Hirnschale wird übrigens angeblich seit dem 13. Jh. im Frankfurter Kaiserdom St. Bartholomäus aufbewahrt.

Weiter geht es rechts an der Kathedrale ❶ vorbei über die Burganlage, um nach 20 m rechts auf das parkähnliche Gelände des (1978 im antiken Stil nachgebauten) Theaters abzubiegen, das mit alten griechischen Sarkophagen aus der weiter unten liegenden Nekropole (☞ Tour 5) verziert wurde, um der Anlage einen „klassischen“ Flair zu geben. Das halbrunde Theater ist in der Sommersaison Schauplatz kultureller Veranstaltungen. Vorbild der Anlage mit dem Blick auf einen Vulkan und das Meer ist unverkennbar das antike Theater von Taormina.

toller Ausblick auf Lipari und den Hafen Marina Corta von dem Umgang bei der Burgmauer

Nach einem Rundgang durch die Parkanlage geht es zurück zur Kathedrale und auf der gegenüber von ihr abwärtsführenden Treppe hinunter. Unten angekommen folgen Sie der Straße Garibaldi links hinunter zur **Marina Corta**, dem alten Fischereihafen, wo heute private Boote und Barkassen von den gelegentlich vor Lipari ankernden Kreuzfahrtschiffen anlanden (km 1,5).

Mehrere Restaurants und Cafés laden am fotogenen Hafen zur Rast ein, etwa Al Pescatore, April bis Oktober täglich 12:00-15:00 und 19:00-22:30.

Die kleine Kapelle auf der Anlegebrücke, Chiesetta delle Anime del Purgatorio oder auch Presepe del Mare, geht auf das 16. Jh. zurück und ist den Heiligen Cosmas und Damian geweiht, u. a. Patrone der Ammen, Ärztinnen und Ärzte, Apothekerinnen und Apotheker, Friseurinnen und Friseure, Zuckerbäckerinnen und Zuckerbäcker sowie Menschen in Seenot – ein recht breites Portfolio.

☺ Sehenswert und originell im Inneren ist ein von ortsansässigen Künstlern gefertigtes krippenartiges Modell einiger Häuser von Lipari – authentisch mit fließendem Wasser und Goldfischen, vormittags und spätnachmittags, Eintritt € 1.

Von der Marina Corta wandern Sie an der Küste weiter südwärts auf ein etwas erhöht liegendes Kirchlein zu (San Giuseppe) und folgen davor dem Weg nach rechts landeinwärts. Nach 20 m gehen Sie geradeaus in einer kleinen, gut gepflegten Gasse weiter und erreichen nach 50 m die Piazzetta Delle Arti e Dei Mestieri ❷ (km 1,7) – ein Plätzchen mit gemalter Scheinarchitektur (Balkons) auf Hausfassaden. Kurz vor dem Platz halten Sie sich rechts, folgen der Vico Cupido abwärts und halten sich weiter rechts – zuletzt geht es auf der Vico Brenta an einer kleinen Konditorei vorbei zur Via Roma. Rechts ist die Marina Corta zu sehen. Die Via Roma queren Sie und folgen geradeaus der kleinen urigen Gasse (Vico San Antonio), um nach 50 m die (dritte) Gasse nach links zu nehmen (Vico Sparviero), mit Pflanzen(kübeln) an der linken und später an der rechten Seite.

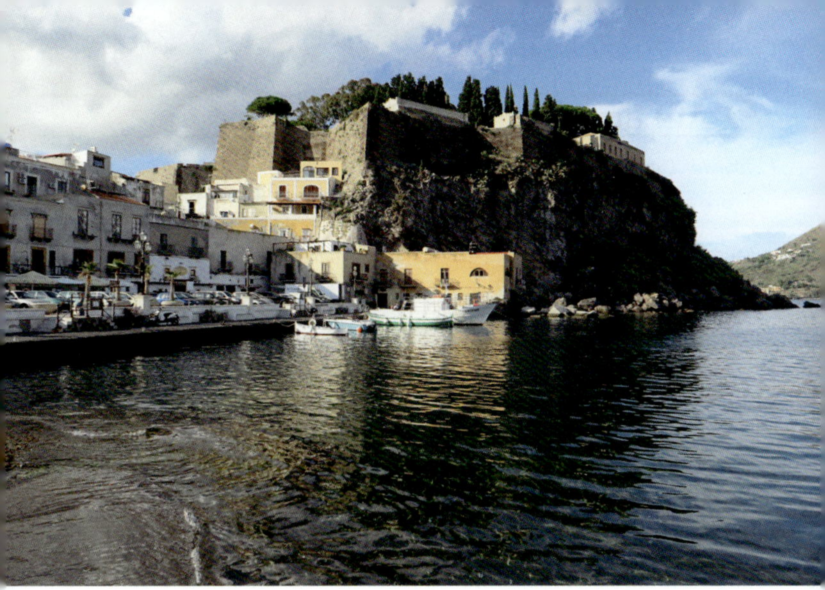

*Der Burgberg von Lipari*

Nach der folgenden T-Kreuzung (mit Mühlensteinen) geht es rechts bis zur Via Maurolico und entlang dieser links zur Hauptstraße **Corso Vittorio Emanuele**, der Lebensader von Lipari, die nachmittags autofrei ist. Dem Corso folgen Sie rechts bis zum Startpunkt und passieren dabei einige interessante Punkte. Zuerst liegt auf der rechten Seite nach 20 m das Café Subba.

Café Subba, Via S. Anna, 9, Mo-Sa 6:00-16:00, die Konditorei Nr. 1 auf Lipari

Am nächsten Abzweig nach links bietet sich ein rund 100 m langer Abstecher an zu einem ausgegrabenen römischen Thermalbad ❸, das von außen angeschaut werden kann. Nach 100 m erreichen Sie auf der linken Seite das Postamt.

☺ Gegenüber der Post, auf der rechten Seite, ist eine Buchhandlung (La Stampa) mit großer Auswahl an Literatur, Karten und deutschsprachiger Presse (mit 1 bis 5 Tagen Verspätung).

Kurz darauf erreichen Sie wieder den Startpunkt des Stadtrundgangs mit dem Supermarkt in der Nähe des Fährhafens.

# ❷ Auf den Monte Rosa

*Tour für Landschaftsgenießerinnen und Landschaftsgenießer*

*Diese kurze Wanderung führt Sie auf den „Hausberg" von Lipari, den Monte Rosa. Dahinter verbirgt sich keine alpine Herausforderung, sondern einer der ältesten Vulkane Liparis (230.000 Jahre), der schon lange erloschen ist. Optional lässt sich diese Wanderung auch in Canneto statt in Lipari beenden oder mit Tour 3 oder 4 kombinieren.*

- Start/Ziel: Lipari, Busbahnhof/Hafen, GPS N 38°28,243' E 014°57,270'
- 6,8 km
- 2 Std. 30 Min.
- 375 m/375 m; An-/Abstieg verteilt auf mehrere Abschnitte
- 2-239 m
- sehr selten Wegweiser
- Pfade sowie Straßen, teilweise mit Bürgersteig
- Einkehrgelegenheiten in Lipari am Start/Ziel
- keine Rastplätze
- Einkaufsgelegenheit in Lipari am Start/Ziel
- für Kinder gut geeignet: tolle Aussicht und nicht zu anstrengend
- für Buggys wegen einiger An-/Abstiege über schottrigen bzw. sandigen Weg nur mäßig geeignet
- Hunde können die ganze Zeit mit, nur beim ersten und letzten Kilometer (Uferstraße Lipari) sollte der Vierbeiner besser angeleint sein.
- Optional Rückfahrt ab Canneto nach Lipari, der Linienbus verkehrt etwa halbstündlich (www.ursobus.it → Orario e Servizi Pubblici).

Die Wanderung beginnt am Busbahnhof und am Anleger für Schnellboote in Lipari. Der erste Kilometer ist wenig attraktiv: Sie folgen der Uferstraße nordwärts aus dem Ort heraus, das Ziel, den Monte Rosa, rechts im Blick. Die ersten 200 m auf der Uferpromenade sind noch ganz angenehm zu gehen, danach gibt es kaum noch Platz für Fußgängerinnen und Fußgänger und Sie müssen am Straßenrand wandern. Nach 700 m nehmen Sie bei der „Schiffstankstelle" hinter der links abzweigenden Straße Richtung Pirrera die nach links aufwärtsführende Betongasse (rechts ist eine Wellblechhütte), die Sie in derselben Richtung ober-

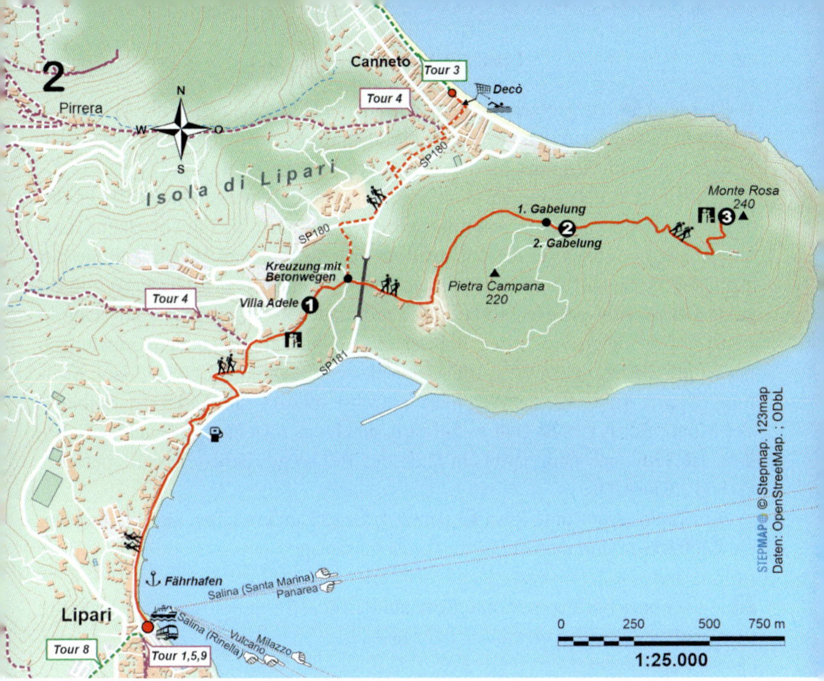


halb der Straße Richtung Monte Rosa führt. Nach 200 m erreichen Sie kurz vor der Uferstraße eine Betonstraße. Statt der Uferstraße rechts abwärts (und weiter links durch den Tunnel) zu folgen, wandern Sie nun auf der

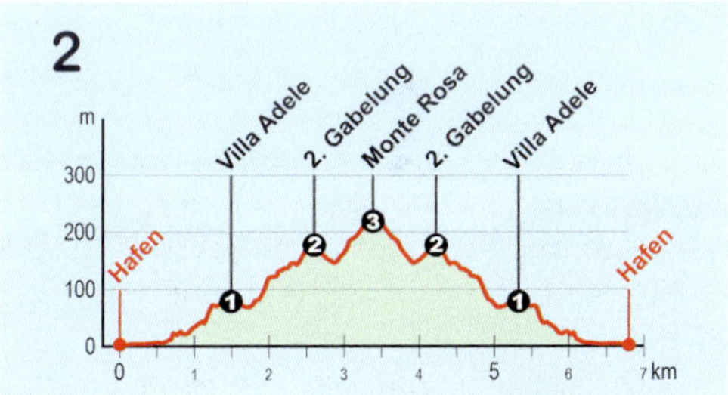


Betonstraße links landeinwärts und nach einer scharfen Rechtskurve stetig aufwärts – bis zu einer Landstraße (km 1,3, ⇧ 75 m).

Dieser Landstraße folgen Sie 20 m nach rechts zu einer Art Sattel, um dort den Betonweg rechts aufwärts zu nehmen, wobei Sie nach 20 m zur Linken eine alte öffentliche Telefonbox aus dem Vor-Handy-Zeitalter passieren. Dieser bald aussichtsreiche Betonweg endet nach etwa 200 m bei einem neuen Anwesen

(Villa Adele) ❶. Hier folgen Sie geradeaus dem Pfad rechts neben der Mauer, mit schönem Ausblick auf den Jachthafen und den Monte Rosa, möglicherweise dicht bewachsen, aber begehbar.

Nach 150 m gehen Sie bei einer Kreuzung von Betonwegen (km 1,7) geradeaus aufwärts (etwas rechts versetzt) und erreichen nach 300 m vor einem Haus am Anfang der Halbinsel des Monte Rosa eine T-Kreuzung. Hier folgen Sie der asphaltierten Straße nach links, die nach 50 m in einen gepflasterten Weg übergeht. Dieser geht wiederum nach 400 m bei einem Holzgeländer am Hang in einen unbefestigten Weg über. Bei den zwei aufeinanderfolgenden Gabelungen nach rund 200 m gehen Sie beide Male links, erst Richtung „Chiesa", dann Richtung „Monte Rosa" ❷. Ihr Weg führt zunächst abwärts zum Sattel der Halbinsel des Monte Rosa. Weiter geht es aufwärts durch einen Hohlweg. Bei einer Gabelung 10 Min. nach dem Sattel am Ende des Hohlweges gehen Sie links aufwärts (Schild: „Chiesa").

Am Gipfel des Monte Rosa ❸ (km 3,4, ⇧ 239 m) erreichen Sie eine Kapelle, ein Gipfelkreuz und eine zerstörte Fotovoltaikanlage.

schöner Blick vom Monte Rosa auf Panarea, Stromboli sowie die Ostküste von Lipari

*Blick auf Canneto*

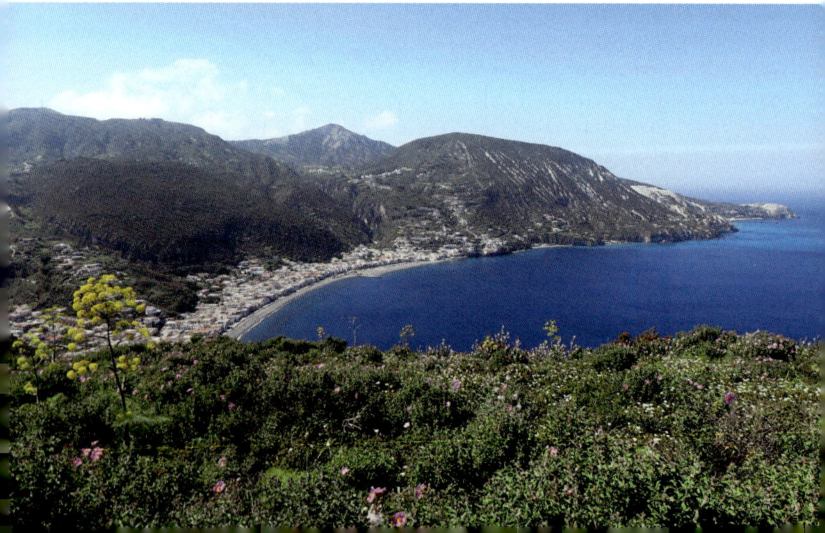

Zurück geht es wie auf dem Hinweg, also durch den Sattel und über den Hangweg, bis Sie wieder die Kreuzung mit Betonwegen erreichen (vorher km 1,7, jetzt km 5,2).

## Abstieg nach Canneto (➲ 1 km, ⌛ 20 Min.):

Bei der Kreuzung führt scharf rechts ein schmaler Pfad abwärts Richtung Canneto. Anfangs geht es unterhalb von bzw. zwischen Brombeersträuchern entlang, danach ist etwas mehr Platz, aber der Pfad bleibt insgesamt schmal, möglicherweise bewachsen und teilweise etwas vermüllt.

Nach 200 m erreichen Sie eine Straße und folgen dieser nach rechts. Nach 100 m stoßen Sie auf die Hauptstraße, die von rechts aus dem Tunnel kommt. Sie folgen ihr für 100 m nach links und dann der Straße nach links – auf Wohnblöcke zu. Nach 50 m geht es nach der Brücke scharf rechts abwärts und kurz darauf links durch das betonierte Flusstal, das als Straße dient. Sie folgen dem Verlauf des Wassers geradewegs abwärts und erreichen kurz nach der Unterführung der Hauptstraße (bücken oder umgehen!) die Uferstraße von Canneto mit weitem steinigem Strand und Einkaufs- und Einkehrgelegenheiten, die meisten davon nach 600 m auf der Uferstraße (nach links).

✕ Il Piccolo Bar, Via Marina Garibaldi 110, ☏ 090/981 31 39, Mo geschlossen. Von den vielen Bars in Canneto sitzt man hier noch am angenehmsten und nicht unmittelbar an der Straße. Viele hausgemachte Kleinigkeiten, gutes Eis und Granita in Sorten wie Maulbeere (*gelsi*) oder Feige (*fichi*) – je nach Saison.

Es gibt häufige Busverbindungen nach Lipari (etwa halbstündlich, aber unregelmäßig, € 1,50). Bushaltestelle vor der Kirche sowie weitere entlang der Uferstraße (blau-weiße Busschilder)

An der Kreuzung geht es auf dem schmalen Pfad wie auf dem Hinweg geradeaus, mit tollem Blick erst auf den Jachthafen von Lipari, später auf die Stadt selbst.

Nach 400 m erreichen Sie wieder die Landstraße und folgen dieser links, um nach 20 m – beim Straßenschild „SP 180 II/2" – links den Betonweg zu nehmen, der alles andere als kniefreundlich steil abwärtsführt. Nach 5 Min. geht es kurz vor der Uferstraße wie auf dem Hinweg rechts auf dem ruhigeren Pfad entlang – auf Lipari zu – und schließlich den letzten Kilometer wieder auf der Uferstraße zurück zum Busbahnhof von Lipari.

# ③ Von Aquacalda um den Monte Pilato nach Canneto/Lipari

*Tour für Genießerinnen und Genießer von Natur und Landschaft*

*Diese Wanderung entführt Sie in den Nordosten von Lipari, der geprägt ist von schneeweißen Bimssteinhängen – Reste ehemaliger Ausbrüche des Monte Pilato, der sich bei dieser Wanderung optional ersteigen lässt – mit einem traumhaften Ausblick. Abwärts geht es durch Lami nach Canneto, wo Sie die Wanderung beenden oder bis Lipari fortsetzen können.*

➔ Start: Bushaltestelle am ehemaligen Ristorante Lauro oberhalb von Aquacalda, GPS N 38°31,202' E 014°56,988';
Ziel: Lipari-Stadt, GPS N 38°28,178' E 014°57,279'

8,4 km (zzgl. Monte Pilato 1,4 km oder/und Monte Rosa 3,4 km)

3 Std. 30 Min. (zzgl. Monte Pilato 45 Min. oder/und Monte Rosa 1 Std. 15 Min.)

↑ ↓ 410 m/455 m (zzgl. Monte Pilato 125 m oder/und Monte Rosa 180 m); An-/Abstieg überwiegend in der ersten Hälfte

⇧ 2-345 m (Monte Pilato 470 m)

anfangs sehr selten roter Punkt, später sporadisch Wegweiser

Pfade, stellenweise mit Stufen und Gestrüpp, betonierte Fuß- und Fahrwege sowie Straßen, großteils mit Bürgersteig

Einkehrgelegenheiten in Canneto (z. B. Il Piccolo Bar, km 6,6) und in Lipari

keine Rastplätze, aber Sitzgelegenheiten am Platz in Lami (km 3,3)

Supermärkte und Bäcker in Canneto (km 5) und in Lipari

Strand in Canneto (km 6,1)

Für Kinder sind die gute Sicht und die Möglichkeiten, Obsidian zu finden, interessant, aber der Anstieg ist recht steil mit teilweise hohen Stufen. Vorsicht bei der Bimssteinrinne (siehe Hinweis!)!

Für Buggys ist die Tour wegen vieler An-/Abstiege nicht geeignet.

Hunde können die ganze Zeit mitlaufen.

Mit dem Linienbus fahren Sie ab Lipari-Stadt bis kurz vor Aquacalda (Mo bis Sa 8:30, 10:30, So 8:30, 10:15, Fahrzeit ca. 25 Min., www.ursobus.it ➔ Orario e Servizi Pubblici) und steigen beim (ehemaligen) Ristorante Lauro aus.

Der Weg direkt unterhalb vom Gipfel des Monte Pilato ist stark ausgewaschen. Dadurch sind die letzten Minuten vor bzw. unterhalb des Gipfels nicht einfach zu gehen bzw. gefährlich (manchmal auch gesperrt), da Teile des sowieso schon schmalen Pfades auf dem brüchigen Bimsstein unterspült sind bzw. überhängen. Ein Umgehen ist auf einigen Teilstücken kaum möglich. Daher ist der Gipfelbereich nur optional erwähnt!

Die Wanderung beginnt oberhalb von Aquacalda in 50 m Höhe. Nach dem Ausstieg aus dem Bus gehen Sie wenige Meter weiter in Fahrtrichtung bzw. Aquacalda, um dann bei einem Zebrastreifen den links aufwärtsführenden betonierten Fußweg (mit einem niedrigen Metallgeländer rechts) zu nehmen, der nach wenigen Metern eine Linkskurve macht und links am ehemaligen Ristorante Lauro vorbeiführt. Kurz darauf halten Sie sich etwas rechts (Mast mit rotem Punkt).

Nach 5 Min. geht es nach einer scharfen Linkskurve (km 0,4) auf dem kaum sichtbaren Pfad rechts aufwärts (evtl. roter Pfeil und Steinmännchen sowie nach 5 m Holzschild „Monte Pelato/Lami"). Der Weg ist teilweise leicht zugewachsen, aber gut zu erkennen und teilweise gepflastert.

Beim Aufstieg lohnen sich immer wieder Blicke nach hinten auf Salina sowie hinunter auf Aquacalda mit den dahinterliegenden weißen Bimssteinhängen, wo riesige Mengen Bimsstein abgebaut wurden (☞ Kasten). Die jüngste Bimssteineruption auf Lipari liegt 1.500 Jahre zurück (Monte Pilato). Beim Aufstieg glänzen die schwarzen Obsidiansteine, sogenanntes Vulkanglas. Hier sind die besten Fundstellen, auch wenn der Rucksack dadurch nicht leichter wird.

## Obsidian und Bimsstein auf Lipari

Diese Wanderung steht im Zeichen zweier vulkanischer Gesteine:

**Bimsstein** (ital. *pomice*) ist ein gasreiches Gestein, das wegen seiner vielen Poren (85 % des Volumens) sogar in Wasser schwimmt. Bimsstein war früher in der Industrie als Schleif- und Poliermittel, als Filter- und Dämmstoff und als Zusatz im Leichtbeton beliebt. Die alten Römer schätzten es als Zusatz zu Zement, der mithilfe von Bimsstein unter Wasser härtete und leichter wurde – wichtig beim Bau von Hafenanlagen sowie bei Brücken und Kuppelbauten. Kein Wunder, dass der Bimsstein auf Lipari früher intensiv abgebaut wurde – bedeckt er doch ein Viertel der Inseloberfläche. In den 70er-Jahren sollen jährlich mehr als 1 Mio. $m^3$ abgebaut worden sein – das entspricht einem Würfel mit der Kantenlänge von 100 m!

Wegen der mit Asbest vergleichbaren Gesundheitsgefahren (lungenschädigende Partikel) und vor allem wegen der hohen Personalkosten (früher 500 Arbeiter!) wurde der Abbau im Jahr 2007 eingestellt, obwohl der Bimsstein auf Lipari als einer der hochwertigsten gilt. Als offizieller Grund für die Einstellung des Abbaus wird der Status von Lipari als UNESCO-Weltnaturerbe angegeben.

**Obsidian** (ital. *ossidiano*) ist ein (saures) Rhyolith-Gestein und wird auch „Vulkanglas" genannt. Eisenoxidkristalle (Hämatit, Magnetit) sind so fein verteilt, dass das Glas glänzend schwarz erscheint. In der Jungsteinzeit war das „schwarze Gold" wegen seiner Härte als Waffen- und Werkzeugrohstoff begehrt und wurde in den ganzen Mittelmeerraum exportiert. Namensgeber für Obsidian ist der römische Reisende Obsius, der das Gestein entdeckt und beschrieben hat

Unglaublich: Die äußerlich so unterschiedlichen Gesteine Bimsstein und Obsidian sind chemisch im Prinzip identisch, beide sind aus einer kieselsäurereichen Alkali-Tonerde-Silikat-Schmelze entstanden und bestehen zu mehr als zwei Dritteln aus Silizium bzw. Quarz ($SiO_2$). Grund für den Unterschied ist der Gasgehalt bzw. die Entstehungsart: Während die Gase beim Bimsstein infolge explosiver Eruptionen mit hoher Temperatur (mind. 800 °C) entwichen, d. h. Magma aufschäumte und so die Poren entstanden, ist es beim Obsidian durch die rasche Erstarrung des Magmas (650 °C beim Auswurf) nicht mehr zur Ausbildung von Kristallen gekommen und Gase konnten wegen der zähen Konsistenz des Magmas nicht entweichen, daher die glasige Struktur. Würde man übrigens nachträglich Obsidian auf mehr als 800 °C erhitzen, würde es aufschäumen bzw. sich zu Bimsstein aufblähen.

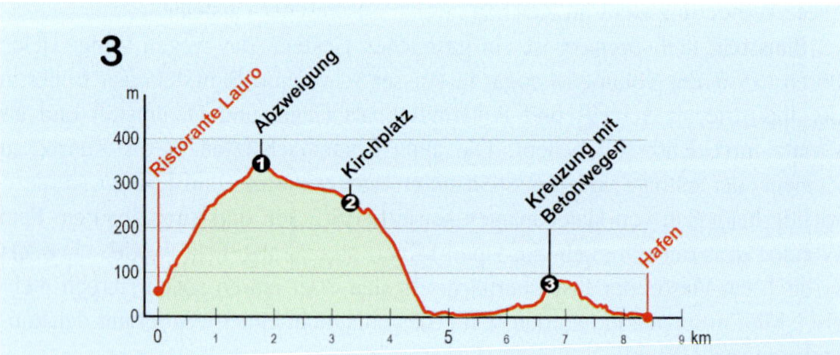

Nach etwa 30 Min. ist der Anstieg geschafft und es geht ein kurzes Stück relativ eben weiter, bis Sie einen niedriger liegenden Schotterweg erreichen (km 1,6, ⇧ 310 m), dem Sie rechts folgen, leicht ansteigend. Nach 200 m, an einer Abzweigung, halten Sie sich links und wandern aufwärts auf einen Bergsattel ❶ (km 1,8, ⇧ 350 m).

Vom Bergsattel führt links ein Pfad entlang des Grats des Monte Pilato auf den Gipfel hinauf.

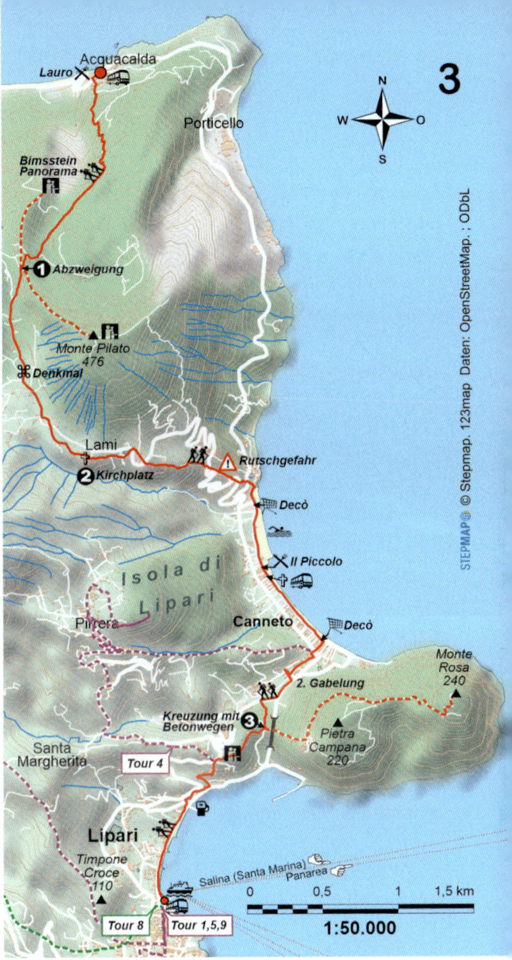


✋ Der Grat aus weichem Bimsstein ist durch Auswaschung stark erodiert und wird von einer bis zu 3 m tiefen Rinne durchzogen. Der Pfad kreuzt diese Rinne mehrmals bzw. verläuft oberhalb von ihr und ist gelegentlich gesperrt oder nur mit größer Vorsicht zu gehen wegen der (abbruchgefährdeten!) Überhänge. Daher ist der Aufstieg hier nur optional beschrieben!

## ↳ Variante vom Sattel auf den Gipfel des Monte Pilato (➲ 2 x 0,7 km, ⌛ 45 Min., ↑↓ 125 m)

Sofern nicht gesperrt, ist mit viel Vorsicht der Aufstieg entlang der Bimssteinrinne möglich, anfangs auf der linken, später auf der rechten Seite mit Zwischenstücken und dem Ende in der Rinne selbst.

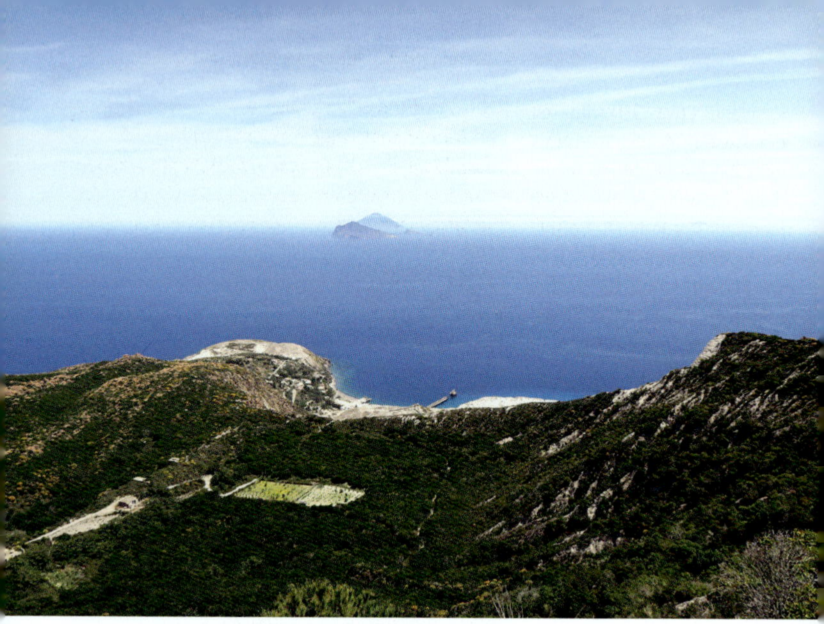

*Blick vom Monte Pilato*

Nach dem Anstieg ist der Gipfel des Monte Pilato nach 20 Min. ab dem Bergsattel erreicht (⇧ 470 m) und bietet einen tollen Rundumblick über Lipari und das Meer. Gut zu sehen ist die Caldera des Monte Pilato mit dem **Rocche Rosse**, dem korrodierten roten Obsidianstrom (*ossidiano rosso*), der aus der Kratermitte ins Meer floss.

Abwärts geht es auf demselben Weg auf dem rutschigen Bimssteinuntergrund – Vorsicht!

## Variante zum Bimsstein-Panorama

(➲ 2 x 0,5 km, ⌛ 20 Min., ↑↓ 40 m)

Eine leichtere Variante führt rechts auf gut erkennbarem Weg auf dem Kamm abwärts zu einem schönen Aussichtspunkt über den Bimssteinhalden mit Blick auf die Nordostküste und hinüber nach Salina. Zurück geht es auf demselben Weg.

Beim Sattel gehen Sie links und folgen dem breiten Schotterweg abwärts, der bei trockenem Wetter etwas staubig sein kann. Sie folgen dem Weg durch das Tal und ignorieren Abzweigungen. Rechts ragen die beiden höchsten Berge der Insel auf: Monte Chirica (⇧ 605 m) und Monte Sant'Angelo (⇧ 590 m).

Nach 700 m passieren Sie ein Denkmal für verstorbene Arbeitskräfte aus dem Bimsabbau, folgen weiter dem schmalen Fahrweg und nehmen nach 300 m den gepflasterten Weg rechts aufwärts. Anschließend gehen Sie links an einem Spielplatz vorbei und queren nach 100 m die Straße. Sie wandern geradeaus abwärts durch das Dorf Lami (auch Pomiciazzo genannt, von *pomice* = Bimsstein) und erreichen nach 400 m den länglichen Kirchplatz ❷ (km 3,3, ⇧ 270 m). Sie gehen den Kirchplatz hinab, rechts am ummauerten Friedhof vorbei. Der gepflasterte Fußweg führt nach einer Linkskurve unter der Straße hindurch. Kurz darauf halten Sie sich bei Häusern rechts, queren die Straße und folgen auf der anderen Straßenseite der Gasse im Linksbogen leicht abwärts, Richtung Küste. Nach 200 m verengt sich der Weg (km 4, ⇧ 190 m) und führt als Fußweg zwischen Gestrüpp auf diesem wenig gepflegten Weg abwärts. Wenn die ersten Wandergruppen im frühen Frühjahr vorbeigekommen sind (deren Guides mit Heckenscheren den Weg einigermaßen frei halten), ist der Weg gut passierbar. Nach einigen Eukalyptusbäumen erreichen Sie die in Serpentinen hinabführende Straße (km 4,2, ⇧ 140 m). Sie queren die Straße und folgen leicht versetzt dem Fußweg abwärts.

Bei Nässe kann der Fußweg wegen Gefälle, Moos und Algen rutschig sein, dann sollten Sie lieber links auf der Straße nach Canneto gehen!

Im Folgenden queren Sie die Straße weitere Male und folgen danach weiter dem Fußweg, der manchmal wie ein Privatweg aussieht, geradeaus abwärts. Bei einer T-Kreuzung 50 m nach einer (etwas vermüllten) Straßenunterführung gehen Sie rechts abwärts und erreichen nach 100 m das nördliche Ende der Uferstraße von Canneto (km 4,7) mit einem Supermarkt rechter Hand.

Decò, Via Calandra, 1, Mo-Sa 8:00-20:30 sowie gelegentlich So vormittags

Das Zentrum von Canneto ist nach 500 m auf der Uferstraße erreicht, auf Höhe der Bootsbrücke. Rechts liegt ein kleiner Platz mit Einkehrgelegenheiten.

Il Piccolo Bar, Via Marina Garibaldi 110, ☏ 090/981 31 39, Mo geschlossen, viele hausgemachte Kleinigkeiten, gutes Eis und Granita, auch in seltenen Sorten wie Maulbeere (*gelsi*) oder Feige (*fichi*) – je nach Saison

Es gibt häufige Busverbindungen nach Lipari (etwa halbstündlich, aber unregelmäßig, € 1,50). Bushaltestelle vor der Kirche sowie weitere entlang der Uferstraße (blau-weiße Busschilder)

Der Weiterweg nach Lipari entspricht im Prinzip der Variante „Abstieg nach Canneto" von Tour 2, allerdings in anderer Richtung. Sie folgen zunächst der Uferstraße südwärts. Nach 600 m passieren Sie einen weiteren Supermarkt (Decò) und nehmen die dann folgende kleine Gasse nach rechts. Nach 80 m queren Sie eine Straße, gehen um 20 m nach rechts versetzt geradeaus durch eine Gasse und nach 30 m bei einer T-Kreuzung nach links. Nach weiteren 30 m ist ein als Straße ausgebautes Bachtal erreicht, das bei starkem Regen als Abflusskanal dient (km 6,0). Hier wandern Sie rechts Richtung Inselinneres.

Nach 200 m geht es vor einer Brücke rechts aufwärts und gleich danach links, über die Brücke zur Hauptstraße, der Sie 150 m rechts folgen, um dann in einer Linkskurve nach einer Tankstelle, kurz vor dem Tunnel, die Straße nach rechts zu nehmen (Serra, Pirrera). Nach etwa 150 m folgen Sie 10 m nach einem verrosteten Motorrad (auf der rechten Seite) links dem Pfad an einer Mauer entlang.

Die folgende Passage führt etwa 150 m aufwärts und ist teilweise etwas verwachsen und vermüllt. Oben am Sattel angekommen kreuzen Sie einen Betonweg ❸ (km 6,8, ⇧ 80 m). Scharf links geht es zum Monte Rosa (Variante).

## Abstecher zum Monte Rosa

(2 x 1,7 km, 1 Std. 15 Min., ↑↓ 125 m)

Sollten Sie Tour 2 nicht gemacht haben, lässt sich an diesem Punkt optimal ein Abstecher zum Monte Rosa einbauen, wodurch die Tour nur knapp 1 Std. länger wird. Die Wegbeschreibung finden Sie bei Tour 2 ab km 1,7.

Bei der Kreuzung am Sattel gehen Sie geradeaus auf dem Pfad weiter leicht aufwärts mit schönem Blick erst auf den Jachthafen von Lipari, später auf die Stadt selbst.

Nach 400 m erreichen Sie eine Landstraße und folgen dieser links, um nach 20 m – beim Straßenschild „SP 180 II/2" – links den Betonweg zu nehmen, der alles andere als kniefreundlich steil abwärtsführt. Nach 300 m geht es kurz vor der Hauptstraße rechts aufwärts auf den Fußweg, der am Hang entlang oberhalb der Straße auf Lipari zuführt. Nach 200 m endet der Weg unten auf der Uferstraße, der Sie 1 km geradeaus folgen zum Busbahnhof bzw. Hafen von Lipari.

# ❹ Wanderung zur Forgia Vecchia

*Tour für Genießerinnen und Genießer von Natur und Landschaft*

*Diese kurze Wanderung führt Sie zu einem weniger bekannten Krater oberhalb von Canneto. Der Weg ist gut ausgebaut und bietet tolle Ausblicke auf die südliche Ostküste. Wie bei Wanderung 3 liegen auch hier allerlei Obsidianstücke am Wegesrand. Eine Kombination dieser Wanderung mit den Touren 2 und 3 ist möglich.*

➔ Start: Lipari, Busbahnhof bzw. Hafen, GPS N 38°28,243' E 014°57,270';
Ziel: Canneto, GPS N 38°29,444' E 014°57,728' (oder Lipari)

7,4 km bis Canneto, 10 km bis Lipari

2 Std. 30 Min. bis Canneto, 3 Std. 15 Min. bis Lipari

↑ ↓ 300 m/300 m; An-/Abstieg überwiegend am Stück

⇧ 2-290 m

sehr selten Wegweiser

asphaltierte Straße, großteils mit wenig Verkehr sowie Pfade über schottrigen Untergrund und Beton, bei Forgia Vecchia gepflasterter promenadenartiger Weg

Einkehrgelegenheiten in Lipari und Canneto, also am Start und Ziel

Rastplätze/Sitzbänke bei Forgia Vecchia (km 4,6)

Einkaufsgelegenheiten in Lipari und Canneto, also am Start und Ziel

Strand am Ziel in Canneto

für Kinder gut geeignet: viel Aussicht, abwechslungsreicher Weg und gute Chancen, Obsidian zu finden

mit Buggys begehbar, aber nicht ideal (teilweise schottriger Pfad und einige (wenige) Stufen)

Mit Hunden gut zu gehen. Für Unterhaltung sorgen öfter frei laufende (aber keine wilden) Hunde, die gerne Wanderinnen und Wanderer begleiten, v. a. kurz hinter Pirrera.

Rückfahrt von Canneto nach Lipari mit dem Bus. Der Linienbus verkehrt etwa halbstündlich (www.ursobus.it ➔ Orario e Servizi Pubblici)

Die Wanderung beginnt zunächst wie Tour 2 am Busbahnhof bzw. am Anleger für Schnellboote in Lipari. Anfangs geht es auf der Uferstraße nordwärts aus dem Ort heraus, den Monte Rosa rechts im Blick. Die ersten 200 m sind auf der

Uferpromenade ganz angenehm zu gehen, danach gibt es kaum noch Platz für Fußgängerinnen und Fußgänger und Sie müssen am Straßenrand wandern.

Nach 10 Min. nehmen Sie bei der „Schiffstankstelle“ hinter der links abzweigenden Straße (Richtung Pirrera) zwischen einem Abfluss mit drei kleinen Pfählen (links) und einem Wellblechschuppen (rechts) den nach links aufwärtsführenden Pfad, der Sie in derselben Richtung oberhalb der Straße Richtung Monte Rosa führt.

Nach 200 m erreichen Sie eine Betonstraße kurz vor der Uferstraße. Statt der Betonstraße rechts abwärts (und weiter links der Uferstraße durch den Tunnel) zu folgen, wandern Sie auf ihr links landeinwärts und nach einer scharfen Rechtskurve stetig aufwärts bis zu einer Landstraße (km 1,3, ⇧ 75 m). Diese Straße queren Sie und nehmen an der Innenseite der Linkskurve den nach links aufwärtsführenden Betonweg. Nach 500 m (km 1,8, ⇧ 105 m) gehen Sie hinter der Kirche ❶ mit aussichtsreicher Terrasse rechts auf die oberhalb verlaufende Straße und folgen dieser nach links mit Blick auf das Hinterland von Canneto: ein Tal, das als Gewerbegebiet genutzt wird, u. a. mit Baustoffhandel und Meerwasserentsalzungsanlage (☞ Tour 7). Entgegen früheren Plänen wird das Meerwasser aber mit Strom aus dem Dieselkraftwerk von Lipari statt mit Solarstrom entsalzt. Der Gesamtnutzen ist damit zweifelhaft: Statt eingesparter Trinkwasseranlieferung (per Schiff) muss noch mehr Dieselkraftstoff für die Inselstromerzeugung mit Tankschiffen eingeführt werden.

Nach rund 1 km (km 2,6, ⇧ 155 m) überquert die Straße kurz nach einer weit geschwungenen Rechtskurve einen Betonweg. Diesem folgen Sie zwischen hohen Felswänden nach links in direkter Linie aufwärts. Die hohen Felswände sind komprimierte pyroklastische Sedimente, also Gesteinsablagerungen vergangener Vulkanausbrüche: Jede Schicht steht für einen Ausbruch.

Nach 200 m erreichen Sie wieder die in Serpentinen aufwärtsführende Straße und folgen ihr nach links hinauf durch mehrere Kurven bis zum Beginn von Pirrera

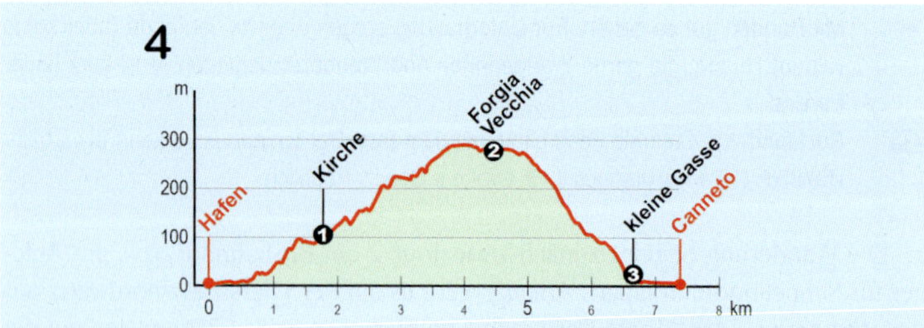

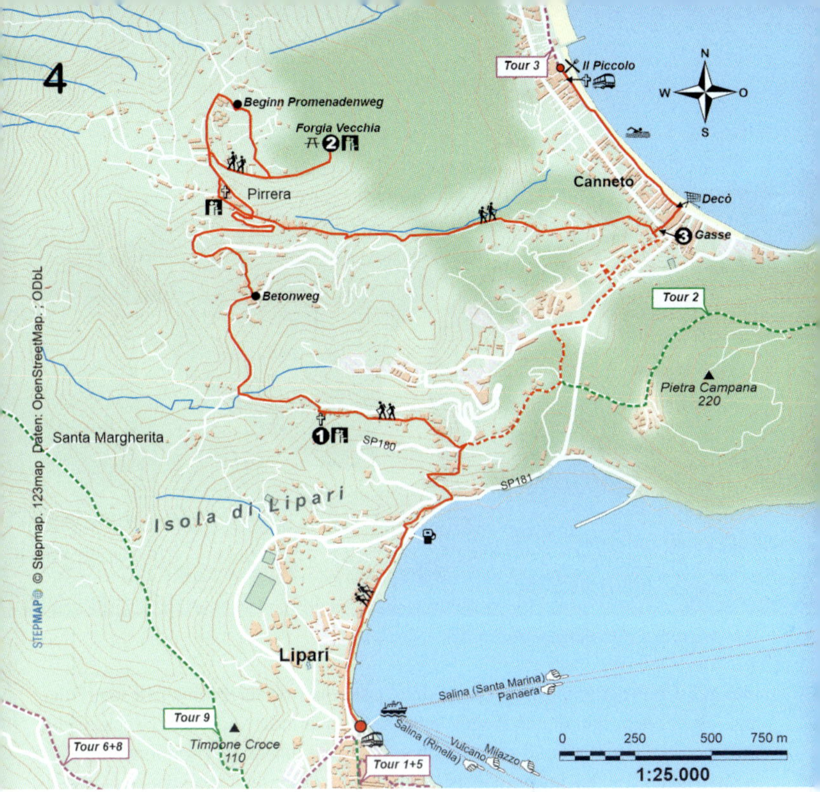


nach etwa 700 m (km 3,5, ⇧ 240 m), wo der Blick nach links auf die bunkergleiche Rückwand der Dorfkirche fällt. Sie folgen der Straße rechts an der Kirche vorbei und schließlich aus dem Weiler heraus. 350 m nach der Kirche geht es unmittelbar nach dem vorerst letzten Haus auf der rechten Seite nach rechts (km 4, ⇧ 280 m, altes gelbes Schild „Forgia Vecchia"). Nach 50 m informiert ein Schild über den Geldgeber des im Folgenden promenadenartig ausgebauten Weges über den alten Kraterrand, der 1999 mit Mitteln des EU-Leader-Programmes gefördert wurde.

## EU-Weg zur Forgia Vecchia

Ob die Sponsoren aus Brüssel sich über Sinn und Zweck dieser angeblich „innovativen Aktion im ländlichen Raum" klar waren (so die offizielle Umschreibung

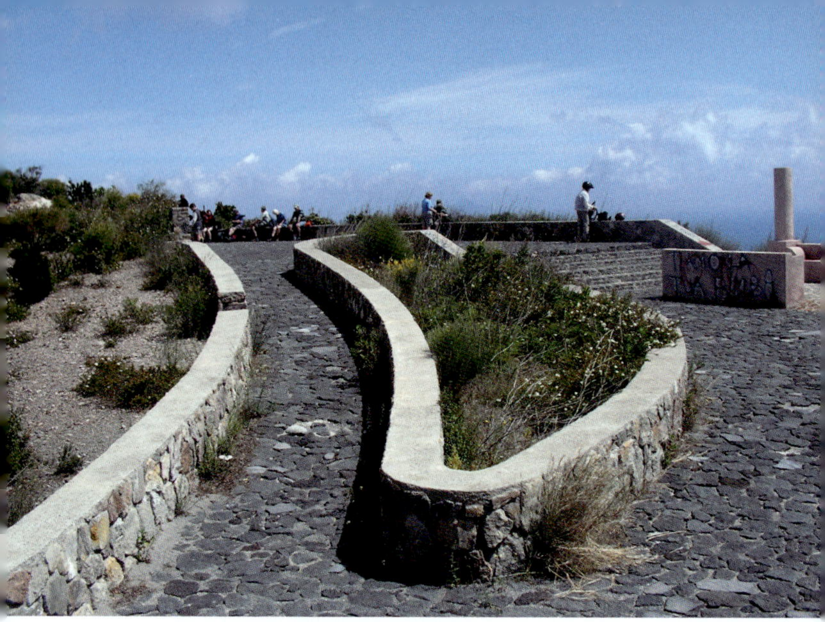

*EU-Weg bei der Forgia Vecchia*

des Leader-Programmes)? Spontan drängt sich bei dieser Promenade die Frage auf, ob bei dem Bau dieses Weges Vetternwirtschaft oder die Mafia zwecks Geldwäsche die Hand im Spiel hatte, denn spontan erschließt sich kaum, warum hier – sozusagen vom Nichts ins Nichts – ein derart aufwendiger Weg angelegt wurde, während andernorts auf der Insel schöne (Wander-)Wege zuwuchern.

Sie folgen dieser Promenade bis zum Ende und ignorieren dabei nach 200 m den rechts abzweigenden Weg (das ist der Rückweg). Nach weiteren 200 m ist das Ende erreicht ❷ (km 4,6, ⇧ 290 m), zu erkennen an einigen Säulen – offensichtlich reichten die Gelder nicht mehr für das Dach.

Steinbänke in der Mauer und toller Blick auf Canneto, Monte Rosa, den zugewucherten alten Krater (Forgia vecchia) links und die Hänge

## Forgia Vecchia

Die **Forgia Vecchia** ist ein ehemaliger Ausflusskrater, aus dem im 6. Jh. n. Chr. ein 1 km langer Lavafluss ins Meer geflossen sein soll – das jüngste vulkanische

Ereignis auf Lipari. Am Krater und unterhalb davon besteht der Boden teilweise aus rotem Obsidian, der seine Färbung dem höheren Eisengehalt verdankt, allerdings durch die dichte Buschvegetation kaum zu erkennen ist.

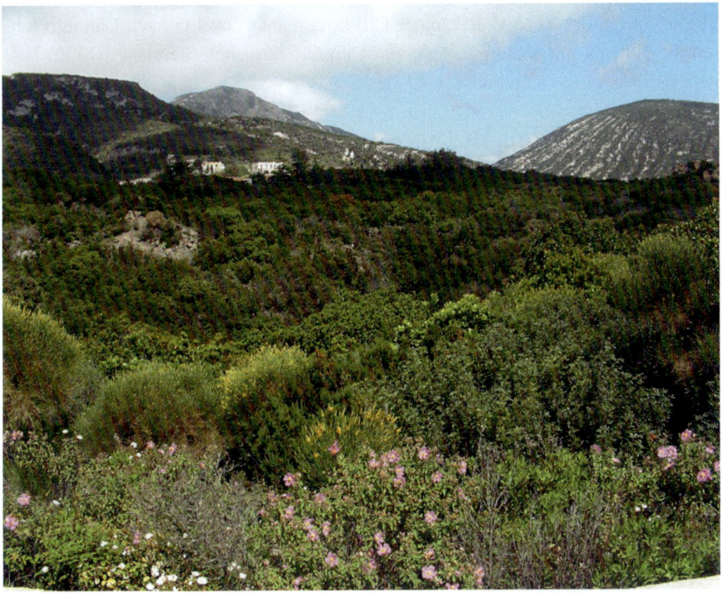

*Die Forgia Vecchia – ein zugewachsener alter Krater*

Zurück geht es zunächst so, wie Sie gekommen sind, auf der Promenade, bevor Sie nach 250 m dem Weg nach links folgen, links vorbei am (ummauerten) Friedhof. Kurz darauf geht es abwärts zur Straße, der Sie wieder zurück nach Pirrera folgen. Vor der Kirche nehmen Sie dieses Mal die Gasse rechts aufwärts, die Sie in einem Linksbogen rechts an der Kirche vorbeiführt und danach links haltend schöne Ausblicke bietet. 100 m nach der Kirche queren Sie die Straße (auf der Sie beim Hinweg gekommen sind) und folgen der Gasse geradeaus abwärts direkt auf Canneto zu.

Der Weg verjüngt sich nach den Häusern, führt aber weiter geradeaus abwärts. Nach 50 m erreichen Sie eine Straße, der Sie ebenfalls geradeaus abwärts folgen: Aber nur für 50 m, dann geht es in der Rechtskurve der Straße beim Geländer links auf Treppen abwärts und auf kleinem Pfad – teilweise durch Gestrüpp – hinunter und auf Canneto zu.

Nach 5 Min. erreichen Sie oberhalb von Canneto wieder Zivilisation mit Häusern und oft mit Hunden (km 6,2, ⇧ 115 m). Sie gehen weiter geradeaus auf der Straße, um in der Rechtskurve nach 150 m den links abwärts nach **Canneto** führenden Fußweg mit Stufen zu nehmen. Den Ort erreichen Sie nach 200 m. Hier geht es links in die kleine Gasse ❸ (km 6,8).

## Rückweg nach Lipari ohne Canneto (➲ 2,5 km ab Canneto Ortsrand, mit Monte Rosa 6 km)

Für den Rückweg nach Lipari könnten Sie sich den Abstecher zur Uferstraße nach Canneto sparen und bei der linken Abzweigung am Ortsbeginn von Canneto ❸ (km 6,8) der Gasse direkt geradeaus und nach 30 m der Straße in dem Bachbett landeinwärts nach rechts folgen. Weiter geht es gemäß Beschreibung bei Tour 3 ab km 7,4 – mit oder ohne Monte Rosa.

Sie gehen über die Hauptstraße und auf der anderen Seite durch eine weitere Gasse auf die Uferstraße von Canneto mit weitem steinigem Strand, Einkaufs- und Einkehrgelegenheiten. Links liegt ein Supermarkt.

Decò, Via Marina Garibaldi, Mo-Fr 8:00-13:00 und 16:00-20:00 sowie Sa 9:00-13:00 und 18:30-20:00

Das Zentrum von Canneto ist links nach 600 m auf der Uferstraße erreicht, auf Höhe der Bootsbrücke. Rechts liegt ein kleiner Platz mit Einkehrgelegenheiten.

Il Piccolo Bar, Via Marina Garibaldi 110, ☏ 090/981 31 39, Mo geschlossen, viele hausgemachte Kleinigkeiten, gutes Eis und Granita, auch in seltenen Sorten wie Maulbeere (*gelsi*) oder Feige (*fichi*) – je nach Saison

häufige Busverbindungen nach Lipari (etwa halbstündlich, aber unregelmäßig, € 1,40). Bushaltestelle vor der Kirche bzw. „Il Piccolo Bar" sowie weitere entlang der Uferstraße (blau-weiße Busschilder)

# 5 Rundwanderung im Süden von Lipari

*Tour für Landschaftsgenießerinnen und Landschaftsgenießer*

*Eine Rundwanderung um die Südspitze gehört wegen der Aussichten auf die Insel Vulcano mit dem Gran Cratere zum Feinsten, was Lipari für Wanderinnen und Wanderer zu bieten hat. Der Weg auf den wegen seiner Rundumsicht lohnenden Monte Guardia ist nicht immer einfach zu gehen bzw. zu finden, aber einfachere Abkürzungen sind möglich.*

- Start/Ziel: Lipari, Anfang des Corso V. Emanuele beim Decò-Supermarkt, GPS N 38°28,178' E 014°57,279'
- 10,3 km
- 4 Std.
- 440 m/440 m; An-/Abstieg überwiegend am Stück
- 2-375 m
- stellenweise Wegweiser, Steinhaufen
- asphaltierte Gassen, Bergpfade sowie Schotterwege, beim Rückweg steiler Abstieg über Betonweg
- Einkehrgelegenheiten am Start und Ziel in Lipari
- keine Rastplätze, aber aussichtsreiche Sitzgelegenheiten auf Steinen am südlichsten Punkt des Weges (km 3,8) und am Monte Guardia (km 6,5)
- Laden am Start und Ziel in Lipari, kleiner Supermarkt nach dem Hafen Marina Corte (km 0,8)
- Für Kinder machbar, allerdings geht es kurzzeitig über einen recht anstrengenden steilen Pfad.
- Für Buggys ist die Tour wegen des steilen und schmalen Pfades unterhalb vom Monte Guardia nicht geeignet.
- Hunde können die ganz Zeit mitlaufen.

Die Rundtour beginnt wie Tour 1 beim Supermarkt von Lipari-Stadt nahe dem Fährhafen. Sie folgen zunächst dem Corso Vittorio Emanuele aufwärts, den Supermarkt links liegen lassend. Nach 10 Min. gemütlichen Flanierens, kurz hinter der Konditorei Subba (links), geht es links in die Via Maurolico (Schild „Piazza Marina Corta"), die Sie nach 50 m auf die Via Garibaldi führt, der Sie rechts abwärts zur Marina Corta folgen, rechts vorbei an der Paninothek Gilberto e Vera.

✕ Gilberto e Vera, Via Garibaldi 22/24, ☏ 090/981 27 56, 💻 www.gilbertoevera.it, legendäre Paninoteca unten am Hafen Marina Corta mit großer Auswahl an frisch belegten Ciabatta-Brötchen, außerdem abends beliebter Treffpunkt sowie Weinproben in rustikalem Ambiente

An der Marina Corta (km 0,7, Infos ☞ Tour 1) bietet sich ein letzter Kaffee an, ehe Sie die Stadt verlassen: Sie gehen an der Küste südwärts auf ein etwas erhöht liegendes Kirchlein zu (San Giuseppe) und folgen davor dem Weg nach rechts landeinwärts. Nach 20 m geht es links in die schmale Gasse Via S. Maddalena, vorbei an einem kleinen Supermarkt. Nach 200 m passieren Sie das Hotel Rocce Azzurre und halten sich danach vor dem kleinen (oft verschmutzten) Strand rechts (Via Porto delle Genti). Diese Straße führt Sie ein kleines Stück landeinwärts, ehe Sie 100 m nach dem Strand bei einer T-Kreuzung links gehen (Via S. Anna), nach 100 m noch einmal links und nach 50 m rechts halten. Kurz darauf unterqueren Sie eine in beträchtlicher Höhe über Ihren Weg führende Straße, von der oft Brombeerzweige tief herunterhängen. Sie folgen der von Mauern umgebenen, durch ein enges Tal aufwärtsführenden kleinen Straße. Hinter den Mauern liegen Werften bzw. Werkstätten sowie Winterdepots für Boote, die per Anhänger hinunter zum Meer befördert werden. Ein etwas ungewöhnlicher Ort für maritime Betriebe hier oben, aber Platzmangel direkt am Ufer macht erfinderisch.

Nach bei heißem Wetter mit drückender Luft schweißtreibendem Anstieg erreichen Sie einen Sattel mit einer Straße ❶ (km 2,6, ⇧ 115 m). Weiter geht es geradeaus, leicht links versetzt auf der zunächst abwärtsführenden Gasse an hohem Canna-Gras (Infos ☞ Tour 21) vorbei und schließlich oberhalb von Weinstöcken entlang, ehe Sie wieder etwas ansteigen müssen, vorbei an einer

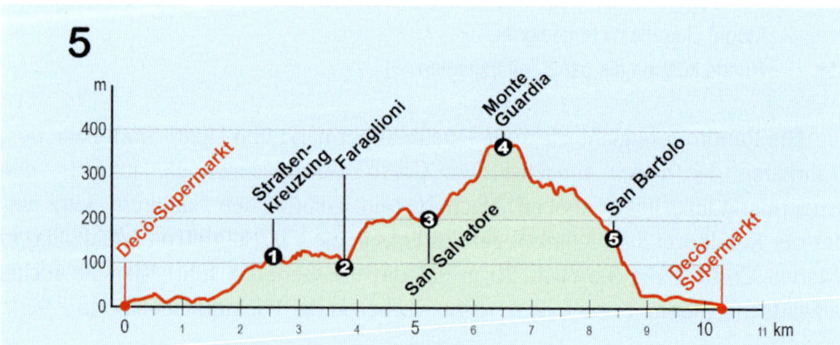

Kapelle. Sie folgen dem betonierten Weg auf etwa gleichbleibender Höhe und ignorieren rechts aufwärts und später links abwärts führende Wege, die zu Privatanwesen führen.

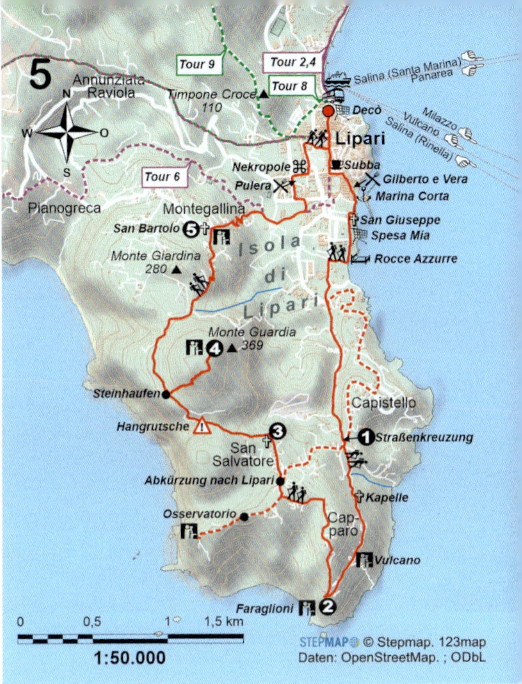


Der Blick nach links auf Vulcano mit seinen Fumarolen, aus denen Gas und Wasserdampf ausströmt, und mit der vorgelagerten Halbinsel Vulcanello (☞ Tour 11) ist phänomenal. Die benachbarte Insel scheint zum Greifen nah. Tatsächlich sind es 800 m Entfernung, wobei die Meerestiefe „nur" 50 m im Gegensatz zur sonst hier üblichen Tiefe von rund 2 km beträgt, weil Lipari und Vulcano (sowie Salina) auf demselben Inselsockel liegen.

Sie ignorieren alle abzweigenden Privateinfahrten und folgen dem Weg (großteils rechts neben einem Holzgeländer), der 1 km nach der Straße schmaler wird und nach 200 m unvermittelt vor der Steilküste und markanten Felsnadeln im Meer zu enden scheint, am südlichsten Punkt des Weges ❷ (km 3,8, ⇧ 110 m).

## Faraglioni – vulkanische Felsnadeln

Wie die Lange Anna auf Helgoland ragen diese Felsnadeln (ital. *faraglioni*) steil aus dem Meer auf. Anders als der rote Sandsteinfelsen in der Nordsee sind die *faraglioni* vulkanischen Ursprungs. An ihrer Stelle befanden sich einst Vulkanschlote, deren Magma beim Austreten in den Schloten erstarrte. Der aus Vulkanschutt bestehende Kraterrand verwitterte schneller als das härtere erstarrte Magma im Vulkanschlot, zumal die salzhaltigen Meereswellen eine starke erosive Wirkung haben. Übrig bleiben steil aufragende Felstürme im Meer – im

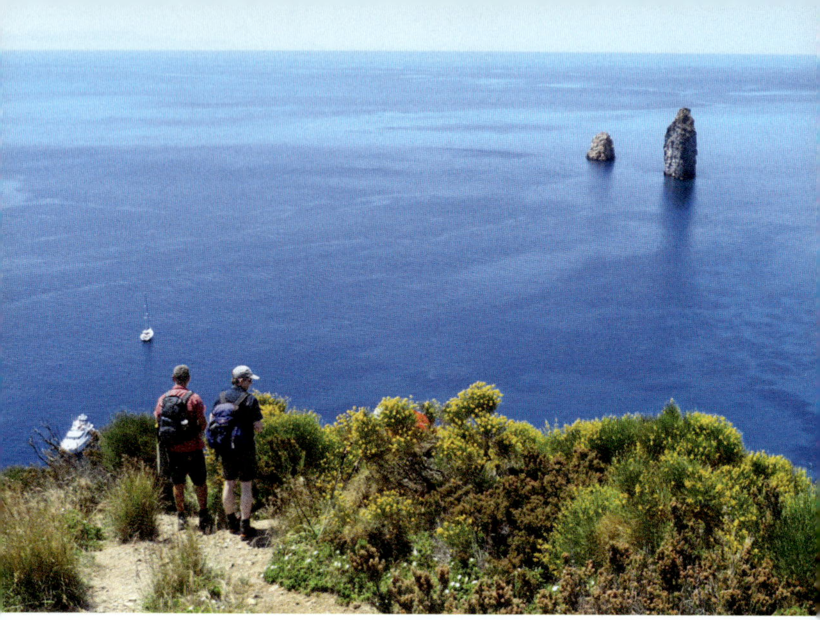

*Faraglioni: links Pietra Menalda, rechts Pietra Lunga*

Englischen bildlich „volcanic neck" („vulkanischer Nacken") genannt –, wie sie nicht nur entlang der Westküste Liparis, sondern auch bei anderen Inseln des Archipels zu finden sind. Bekannte Beispiele: **La Canna** vor Filicudi oder **Strombolicchio** vor Stromboli. Die Felsnadeln vor Ihnen haben natürlich auch individuelle Namen: Die linke (kürzere) heißt **Pietra Menalda**, die rechte **Pietra Lunga** (ital. *pietra* = dt. „Stein").

Vor den Felsnadeln wendet sich der Pfad nach rechts und führt über den Hang gerade aufwärts zu einer Kiefernallee mit einem großen umzäunten Anwesen mit Oliven rechts daneben (km 4,1, ⇧ 185 m). Dieses gehörte einst dem Dirigenten Sinopoli, der 2001 während eines Konzertes in Berlin infolge eines Herzinfarkts verstarb.

Sie folgen der anfangs von Kiefern gesäumten Straße auf etwa gleichbleibender Höhe 600 m bis zu einer größeren (km 4,8, ⇧ 205 m), die nach links zum alten Osservatorio führt (dem schon länger sichtbaren pastellfarbenen Gebäude auf einer Anhöhe).

## ↳ Abstecher zum alten Osservatorio und zum Aussichtspunkt (➲ 2 x 600 m)

Für einen Abstecher zum alten Osservatorio folgen Sie der Straße links aufwärts. Nach 300 m führt hinter dem Osservatorio ein Pfad zur Steilküste mit phänomenalem Ausblick. Zurück geht es auf demselben Weg.

Sie gehen die Straße rechts abwärts und nach 70 m bei einer Kiefer und einer Agave nach links entlang der kleinen Zufahrtsstraße auf den Monte Guardia zu (Schild mit weißer Schrift: „Monte Guardia").

## ↳ Leichter Weg zurück nach Lipari (➲ 5 km, ⧗ 1 Std. 15 Min.)

Wenn Sie nicht trittsicher sind und kleine Pfade lieber meiden möchten, folgen Sie der Straße geradeaus abwärts. Die Straße führt in vielen Kurven (von denen sich einige mit kleinen Pfaden abkürzen lassen) hinunter nach Lipari und bietet dabei noch so manch schönen Ausblick, während der Verkehr überschaubar ist. Lipari erreichen Sie nach rund 1 Std.

Nach 400 m endet der Weg hinter der Kapelle San Salvatore ❸ und vor einer Schlucht.

schöner Blick auf Lipari mit pyroklastischen Sedimenten davor

Hier folgen Sie auf der linken (westlichen) Seite dem Pfad am Hang der Schlucht aufwärts.

Vorsicht! Ab und zu geht es, verdeckt von Pflanzen, rechts plötzlich steil abwärts, teilweise verstärkt durch gelegentliche Hangrutsche.

Später tauchen vereinzelt einige wenige rote Markierungen (Punkte) auf.

Nach der Steigung folgen Sie dem Pfad geradeaus, um ihm nach 100 m durch eine Rechtskurve und kurz darauf durch eine Linkskurve zu folgen. Auf dem nun etwas breiteren Weg geht es geradeaus weiter.

Nach 200 m markiert ein (etwa 50 cm hoher) Steinhaufen den nach rechts abzweigenden Pfad hinauf auf den Monte Guardia (km 6, ⇧ 270 m).

☺ Wenn Sie auf den Gipfelanstieg (140 Hm, 35 Min.) verzichten wollen, gehen Sie geradeaus weiter.

Für den Anstieg folgen Sie dem Pfad rechts aufwärts. Oben halten Sie sich etwas rechts und gehen zuletzt auf dem alten Kraterrand zum höchsten Punkt ❹ (km 6,5, ⇧ 390 m). Der Vulkan des Monte Guardia ist zuletzt zu Zeiten der letzten Eiszeit aktiv gewesen, vor rund 15.000 Jahren.

toller Rundumblick vom Monte Guardia auf den Süden von Lipari und Vulcano

Zurück geht es auf demselben Weg zur Abzweigung mit dem Steinhaufen, wo Sie dem Weg nun rechts folgen. Er führt nordwestlich um den Monte Guardia herum, nach 350 m auf Asphalt und rechts vorbei an einem alten Krater, dessen fruchtbarer vulkanischer Boden von Weinbauern genutzt wird – für den sehr guten Wein „Nero di Munti" (vom Winzer Caravaglio aus Salina, der diesen Wein hier auf Lipari anbauen lässt).

Kurz nach dem Krater ignorieren Sie Abzweigungen nach rechts und links und folgen der Straße abwärts Richtung Lipari. Nach 700 m erreichen Sie einen kleinen Platz mit einer Kapelle (S. Bartolo) ❺ und schönem Ausblick auf Lipari-Stadt rechts (km 8,5, ⇧ 150 m).

Vom Vorplatz geht es auf dem Betonweg, der bei Nässe sehr rutschig sein kann (Pfeil und Hinweis „Lipari", roter Punkt), rechts steil abwärts – zunächst in gerader Linie, später in Kurven und auf einer neu angelegten Betontrasse über eine Schlucht. 15 Min. nach dem Kirchenvorplatz erreichen Sie unten im Wohngebiet von Lipari eine Straße, der Sie rechts folgen (km 9, ⇧ 30 m).

Nach etwa 100 m endet die Straße an einer Betonmauer. Sie nehmen die rechts von der Mauer abwärtsführenden Stufen und folgen dem betonierten Weg, der als Abflusskanal dient, geradeaus. Nach 100 m verlassen Sie diesen Kanal nach links auf einem betonierten, leicht aufwärtsführenden Fußweg zwischen Mauern (links Schild: „torrente 0-24") und folgen nach 50 m der Straße nach links, um dann rechts in die Umgehungsstraße einzubiegen (Via Conti). Sie passieren zur Rechten das Ristorante Pulera und biegen 30 m danach rechts in die schmale Via Marconi ein.

Nach 50 m bietet links eine Plattform einen guten Blick auf eine alte griechische Nekropole mit alten Sarkophagen, die unter der meterhohen Vulkan-

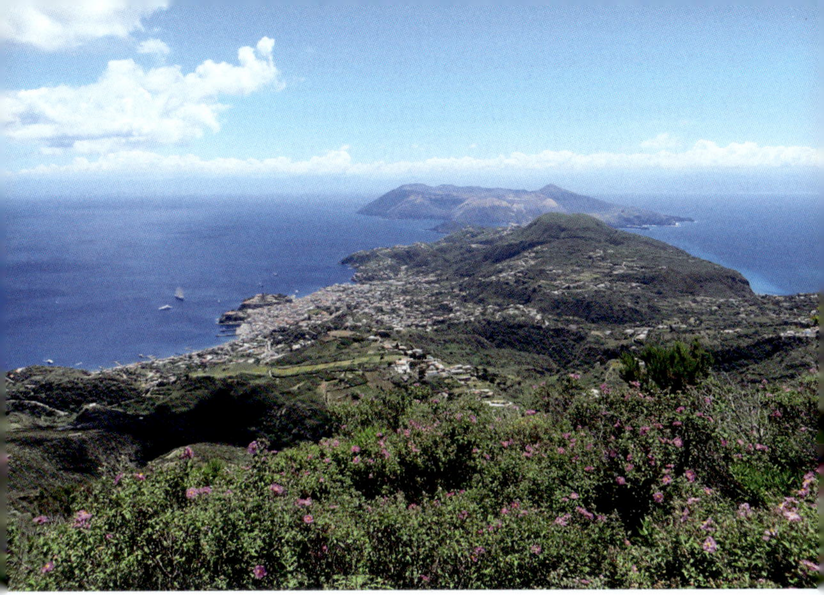

*Blick auf den Monte Guardia*

ascheschicht konserviert wurden und gut erhalten sind. In der Antike wurden die Toten außerhalb des besiedelten Burgberges bestattet, wovon mehr als 1.500 ausgegrabene Sarkophage zeugen. Nach 50 m geht es links bei einer Polizeistation in eine Straße, die links an einem Park vorbeiführt, wo ebenfalls Sarkophage ausgegraben wurden.

Nach 250 m erreichen Sie einen Platz vor dem Hotel Filadelfia mit einer linker Hand stehenden Statue von Padre Pio, einem beliebten Heiligen in Süditalien. Hier folgen Sie der Straße nach rechts und durch eine Linkskurve. Zur Linken liegen die gut erhaltenen und überdachten Reste einer römischen Therme mit nettem Mosaik. Die dazugehörige Infotafel steht leider auf der Innenseite des Geländes, das oft verschlossen ist. Dort wachsen markante Bäume mit auffälligen Stacheln am Stamm und an den Ästen: Ceiba-Bäume, die als Unterfamilie der *Bombacoideae* (Wollbaumgewächse) zur Familie der Malvengewächse gehören und aus Amerika sowie teilweise aus Westafrika stammen.

Nach weiteren 50 m erreichen Sie wieder den Corso von Lipari, dem Sie nach links zum Startpunkt folgen.

# ⑥ Rundwanderung Lipari mit Quattrocchi und Pianoconte

*Tour für Landschaftsgenießerinnen und Landschaftsgenießer*

*Diese Rundwanderung führt Sie von Lipari-Stadt aus zum beliebtesten Aussichtspunkt der Insel: Quattrocchi. Wendepunkt der Rundwanderung ist das auf einer fruchtbaren Hochfläche gelegene Pianoconte mit Einkehrgelegenheiten. Zurück geht es durch ein dschungelartiges schmales Tal, doch zuvor bietet sich ein Abstecher zu einer der beliebtesten Badestellen der Insel an.*

- Start/Ziel: Lipari, Anfang des Corso V. Emanuele beim Decò-Supermarkt, GPS N 38°28,178' E 014°57,279'
- 7,8 km
- 3 Std.
- 290 m/290 m; An-/Abstieg überwiegend am Stück
- 2-285 m
- sehr selten Wegweiser
- kleine Straßen mit meist wenig Verkehr sowie beim Rückweg stellenweise etwas verwachsener und vermüllter Weg durch wildromantisches Bachtal
- Einkehrgelegenheiten am Start/Ziel sowie in Pianoconte (km 2,7)
- Sitzbänke am Kirchenplatz in Pianoconte (km 3,1) und bei Quattrocchi (km 4,1)
- Supermarkt am Start/Ziel in Lipari, Obstläden in Lipari und Pianoconte (km 2,7)
- Strand (Spiaggia Valle di Muria) kurz nach Quattrocchi (km 4,8)
- Für Kinder ist die Wanderung gut geeignet, v. a. der abenteuerliche Weg durch das Vallone Ponente.
- Mit Buggys ist die Tour wegen des schmalen und zum Teil verwachsenen Pfades durch das Vallone Ponente nur teilweise machbar. Nur der Hinweg nach Pianoconte wäre möglich, zurück müsste man dann auf demselben Weg gehen.
- Hunde können mit, auch ohne Leine.
- Sie können ab Pianoconte mit dem Linienbus nach Lipari abkürzen (oder erst in Pianoconte starten), www.ursobus.it → Orario e Servizi Pubblici.

Auch diese Rundtour beginnt beim Supermarkt (Decò) von Lipari-Stadt nahe dem Fährhafen. Sie folgen dem Corso rechts an der Touristinfo vorbei bis zum Postamt auf der rechten Seite, um gleich dahinter rechts in die Seitenstraße abzubiegen (Via Carnevale). Nach 200 m erreichen Sie die Umgehungsstraße Via

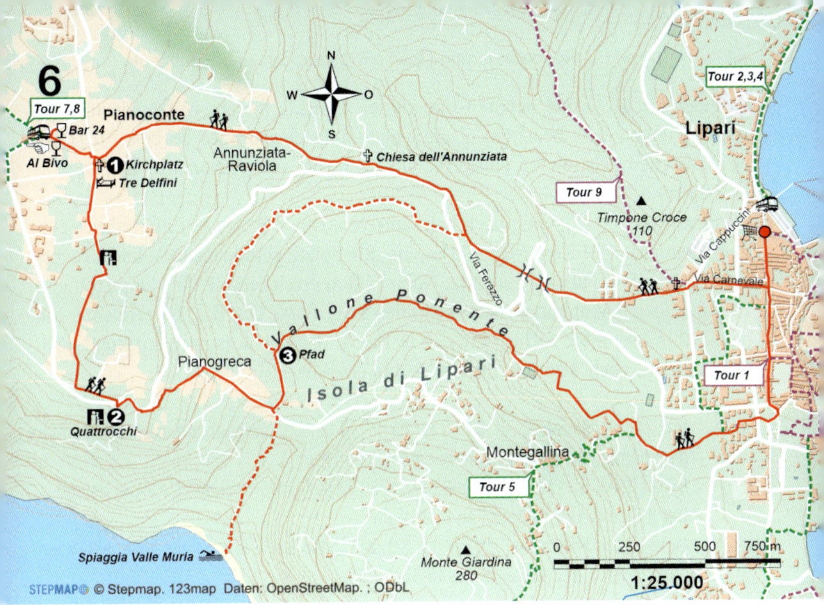


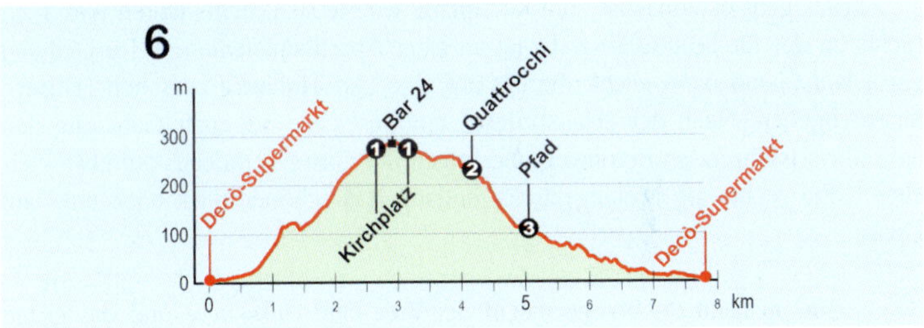


Cappuccini, wo Sie 20 m nach links gehen, um nach der Linkskurve rechts in die Straße einzubiegen, zwischen einer kleinen Kirche (rechts) und einer Schule (links). Nach 70 m halten Sie sich bei einer Gabelung links und folgen der Straße geradeaus – auch bei Abzweigungen und Kreuzungen – aus dem Ort heraus und gehen nach der Unterquerung der Hauptstraße (km 0,9) auf einem Fußweg geradeaus steiler aufwärts.

Nach 5 Min. erreichen Sie auf dem Kamm eine Querstraße (Via Ferazzo), der Sie nach rechts bis hinunter zur Hauptstraße folgen (km 1,4, ⇧ 145 m). Diese ist jetzt für 100 m Ihr Begleiter, ehe Sie die halb rechts abzweigende Straße links an einer Kirche vorbei nehmen und dieser aufwärts folgen, wobei Sie (rechte) Abzweigungen nicht beachten. Zum Schluss führt diese Straße als eine Art Hohlweg zwischen Felswänden aufwärts zum Kirchplatz von **Pianoconte** ❶ (km 2,7, ⇧ 265 m).

Bevor Sie den Rückweg nach links antreten, ist ein Abstecher zu Einkehrgelegenheiten möglich: Zunächst geht es vom Kirchplatz geradeaus bzw. leicht rechts versetzt auf dem Fußweg aufwärts. Nach 100 m erreichen Sie die Hauptstraße in Pianoconte mit Wahlmöglichkeit zwischen zwei Bars: Die Bar 24 erreichen Sie nach 30 m, wenn Sie rechts gehen. Zur Bar Al Bivio geht es nach links und nach 70 m rechts, nach 30 m ist die Bar rechts erreicht.

Bar 24, Via Stradale, 33 93 80 89 17, täglich durchgehend, rustikale Dorfbar direkt an der Hauptstraße mit nur wenig Essbarem

Bar Al Bivio, SP179, 23, ☏ 090/335 36 39, täglich durchgehend, ruhiger gelegene Bar mit größerem Angebot an Essbarem

Links an der Kreuzung (und vor der Schule) finden Sie eine Bushaltestelle. Abfahrten nach Lipari z. B. Mo-Sa 12:55, 13:55, 14:55.

Zurück geht es zunächst zum Kirchplatz, wo Sie sich rechts halten (km 3,2), rechts an der Kirche und kurz darauf an einer Apartmentsiedlung („Tre Delfini") vorbeilaufen und dann leicht abwärts auf einer Art Hohlweg zwischen Häusern hindurchgehen. Nach der „Hausbrücke" ignorieren Sie bei einer Gabelung den links abwärtsführenden Betonweg und folgen der Gasse geradeaus auf etwa gleicher Höhe rechts am Metallgeländer entlang ( schöner Blick nach links auf Lipari).

400 m nach der Kirche macht der Weg eine Linkskurve und das grüne Metallgeländer an der linken Seite endet. 10 m davor, bei einem Mast aus Holz, nehmen Sie den nach rechts zwischen Mauern leicht aufwärtsführenden betonierten Weg und trennen sich von dem tollen Ausblick auf Lipari.

Nach einer Linkskurve geht es über eine Hochfläche, vorbei an Gärten, bis Sie nach einem Friedhof auf der linken Seite eine T-Kreuzung erreichen. Sie wandern links abwärts, vorbei an nie genutzten blauen Zapfsäulen für E-Autos. Nach wenigen Metern ist die Hauptstraße und dahinter der beliebteste Aussichtspunkt der Insel erreicht ❷ (km 4,1, ⇧ 220 m).

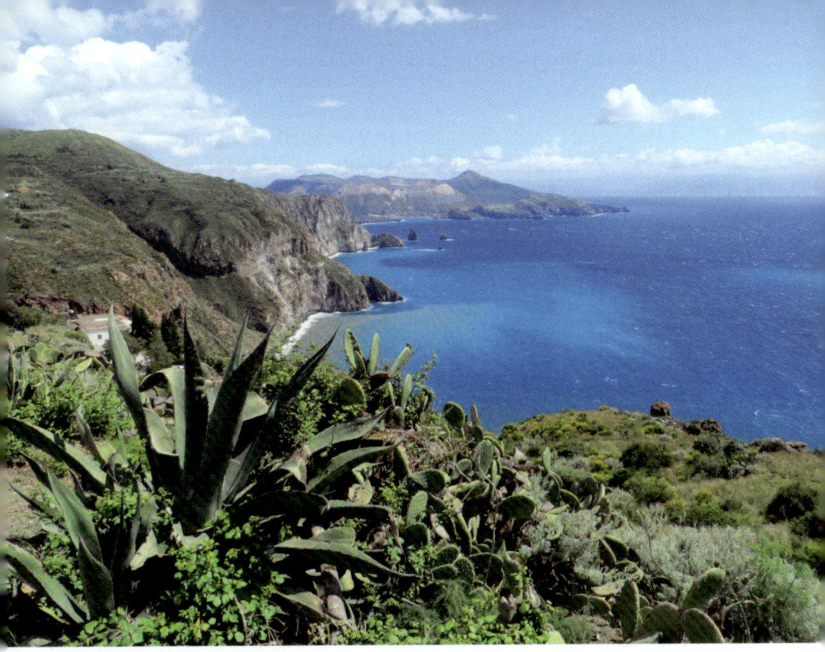

*Blick vom Aussichtspunkt Quattrocchi*

**Quattrocchi**: toller Aussichtspunkt mit Blick auf die Südwestküste von Lipari und Vulcano. Einer Erzählung nach kommt der Name („Vier Augen") daher, dass ein Augenpaar eigentlich nicht ausreicht, um diesen Ausblick auskosten zu können.

Von Quattrocchi folgen Sie der Hauptstraße 100 m abwärts bis zu einer scharfen Linkskurve. Dort nehmen Sie die an der rechten Außenseite zwischen Leitplanken abzweigende Abfahrt, halten sich bei der Gabelung zu Beginn links und nehmen nach 30 m vor einer Privateinfahrt (Schild „proprieta private/attenti al carne") den schmalen Pfad rechts an der Einfahrt vorbei abwärts. Zweige, u. a. von Brombeeren, sowie einige Kakteen an der Seite (und Teile am Boden) sorgen für kleine Verzögerungen.

Nach 5 Min. geht es geradeaus auf einer kleinen Zufahrtsstraße weiter abwärts, ehe Sie nach 70 m eine Straße erreichen, der Sie 200 m rechts abwärts bis zu einer linken Straßenabzweigung folgen (km 4,8, ⇧120 m).

## Abstecher zur Spiaggia Valle Muria (2 x 600 m, 25 Min., ↑↓ 120 m)

An der Abzweigung liegt rechts unten einer der beliebtesten und wegen der Lage einsamsten (Stein-)Strände Liparis: die Spiaggia Valle Muria, die schon von Quattrocchi aus zu erkennen war. Gegenüber der linken Straßenabzweigung führt Sie rechts ein Pfad in 15 Min. hinunter zum Strand, vorbei an wie marmoriert geschichteten pyroklastischen Sedimenten. Unten gibt es eine Felshöhle, die in der Hauptsaison als Kühl- bzw. Lagerraum für eine davor aufgebaute Terrasse dient. Inseloriginal Barny bietet dazu (in der Hauptsaison) Bootstransfers von/nach Lipari an. Zurück zur Straße geht es aufwärts auf demselben Pfad wie hinunter.

*Felsen bei der Spiaggia Valle Muria*

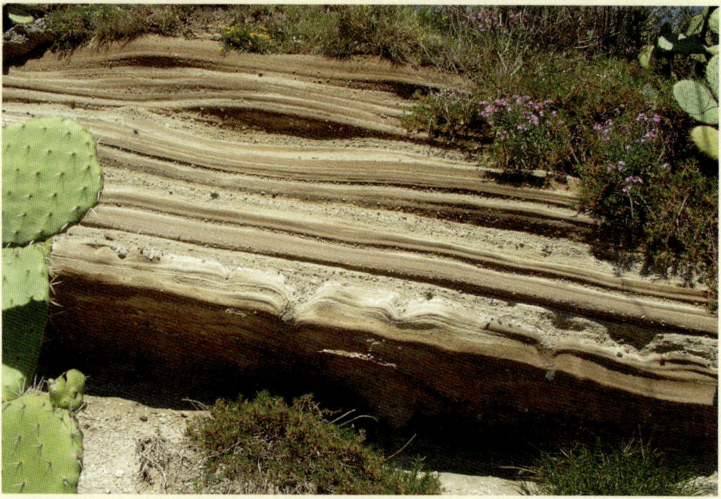

Bei dem zum Strand abzweigenden Pfad folgen Sie der von links einmündenden Straße leicht aufwärts und durch eine weit gezogene Linkskurve. Nach 200 m nehmen Sie rechts nach einem weißen Haus den schmalen Pfad ❸, der durch das beinahe dschungelartige schmale Vallone Ponente hinunter nach Lipari führt.

Der Weg ist nicht nur schmal und teilweise bewachsen (stellenweise mit Brombeeren), sondern leider auch etwas vermüllt, weil bei jedem Regenguss der ganze Dreck hinein (aber auch wieder hinunter) gespült wird. Aber der Pfad bietet Atmosphäre, Vogelgezwitscher und angenehme Kühle.

## Abstieg ohne „Dschungel" nach Lipari

(1,4 km, 40 Min.)

Wenn Sie auf den dschungelartigen Abstieg durch das Tal verzichten möchten, folgen Sie der Straße geradeaus. Nach 1,3 km erreichen Sie eine Kreuzung mit der Hauptstraße zwischen Lipari und Pianoconte, wo Sie geradeaus dem Stufenweg aufwärts folgen. Nach 30 m halten Sie sich bei einer T-Kreuzung rechts, um nach 20 m den links abwärts nach Lipari führenden Fußweg zu nehmen – hier sind Sie auch hinaufgekommen. Weiter nach Lipari-Stadt geht es wie auf dem Hinweg, d. h. immer geradeaus zum Corso.

Bei Abzweigungen wandern Sie geradeaus, im Zweifel abwärts, der Fließrichtung des Wassers durch das Vallone Ponente folgend, einen 40.000 Jahre alten Caldera-Graben. Wo Sie jetzt gehen, sammelt sich bei Regen das Wasser, um ins Meer abzufließen.

Nach 30 Min. erreichen Sie dasselbe Wohngebiet wie am Ende von Tour 5 (km 6,6). Hier verlassen Sie den Weg. Das Wasser würde hier für ein kurzes Stück (links) unterirdisch weiterfließen. Nehmen Sie rechts die Rampe aufwärts zur Straße, um dieser rechts zu folgen. Nach etwa 150 m endet die Straße an einer Betonmauer. Sie nehmen die rechts von der Mauer abwärtsführenden Stufen und folgen dem betonierten Weg bzw. dem Abflusskanal geradeaus. Nach 100 m können Sie links den Weg nehmen und wie bei Tour 5 „zivilisiert" zum Startpunkt gehen.

Oder Sie folgen konsequent dem Weg des Wassers, der geradeaus weiter und nach 70 m durch einen etwa 70 m langen Tunnel führt. Eine Taschenlampe ist hilfreich, aber kein Muss, denn die Augen gewöhnen sich nach Kurzem an die Dunkelheit, und die dunkle Strecke ist kurz. Aber sowieso ist schon nach weniger als 1 Min. Licht am Ende des Tunnels zu sehen und man landet auf der Via Roma, die hinunter zur Marina Corta führt. Auf dem Weg zum Startpunkt verlassen Sie die Via Roma allerdings nach gut 100 m, indem Sie in die erste links abzweigende Straße abbiegen, den Corso, dem Sie geradeaus zum Startpunkt folgen.

# 7 Panorama-Westküstentour bei Pianoconte

*Tour für Landschaftsgenießerinnen und Landschaftsgenießer*

*Diese Rundwanderung bietet Wildnis, Olivenhaine und tolle Aussichten zwischen Pianoconte und der Terme di San Calogero. Sie wandern zunächst von dem auf der Hochfläche gelegenen Pianoconte abwärts zu einer der ältesten Thermen des Mittelmeerraumes. Danach geht es zwischen Terrassen mit Oliven sowie zugewucherten Flächen und Blick auf Vulcano sowie Sizilien am Hang entlang, ehe Sie angenehm auf breitem Weg in Serpentinen zurück nach Pianoconte wandern.*

Start/Ziel: Pianoconte, Bushaltestelle an der Schule, GPS N 38°28,178' E 014°57,279'

7 km

3 Std.

285 m/285 m; An-/Abstieg überwiegend am Stück

90-285 m

sehr selten Wegweiser

kleine Fahrwege mit Asphalt und Schotter sowie kleine Pfade, stellenweise etwas verwachsen

Einkehrgelegenheiten am Start/Ziel in Pianoconte

Sitzbänke auf schöner Aussichtsterrasse bei der Terme di San Calogero (km 2,2)

Für Kinder ist diese aussichtsreiche Wanderung gut geeignet, außerdem nicht zu lang.

Mit Buggys ist die Tour wegen des Pfades im Mittelteil nicht machbar. Lediglich der Weg zur Terme di San Calogero wäre als Hin-/Rücktour machbar.

Hunde können mitlaufen, großteils auch ohne Leine.

mit dem Linienbus ab Lipari-Stadt zur Haltestelle „Scuola" in Pianoconte, Mo-Sa 8:15 und 10:00 (Dauer: etwa 25 Min.). Zurück nach Lipari z. B. Mo-Sa 12:55, 13:55, 14:55, www.ursobus.it → Orario e Servizi Pubblici

Eine lange Hose ist sinnvoll, da möglicherweise an einigen Stellen hohes Gras sowie Brombeerbüsche wachsen!

In Fahrtrichtung des Busses aus Lipari zweigen Sie hinter der Schule links in die Via Palmetto ab, folgen ihr westwärts und nach wenigen Minuten abwärts, ohne Abzweigungen zu beachten. Nach einem Seitental geht es auf dem Betonweg auf-

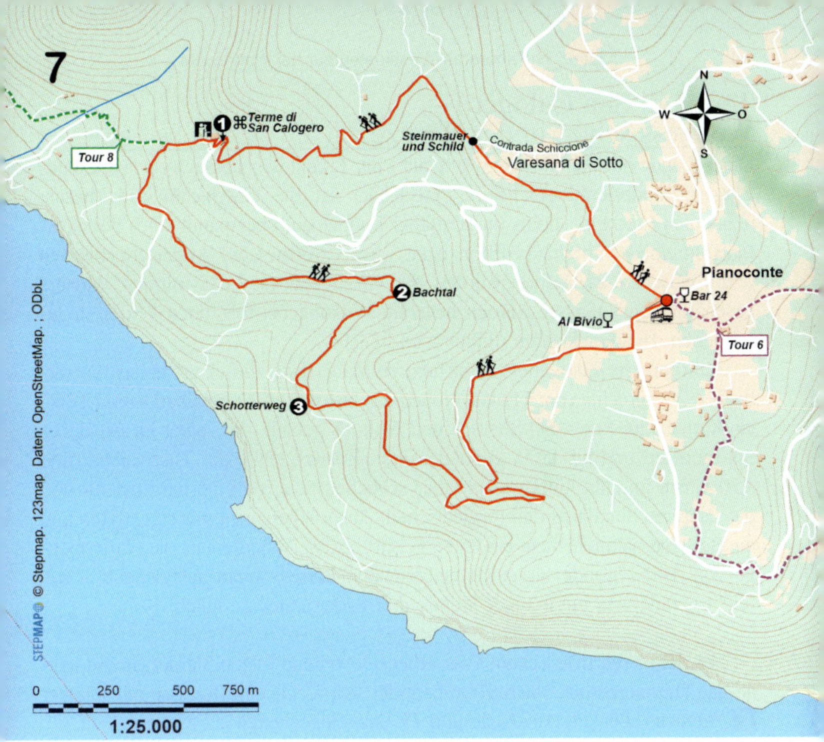


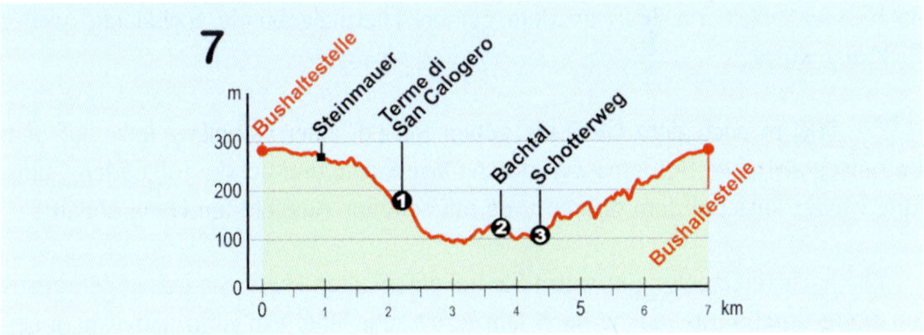


wärts und bei einer Kreuzung mit Steinmauer und Schild „Contrada Schiccione" (km 0,9, ⇧ 260 m) geradeaus hinunter, genauso bei Häusern an einem Sattel. Der danach abwärtsführende Weg ist später gepflastert und führt in Serpentinen hinunter durch Olivenhaine zu der Terme di San Calogero ❶ (km 2,2, ⇧ 115 m).

## Terme di San Calogero – Wellness schon in der Bronzezeit

Der Legende nach soll hier im Mittelalter der Eremit San Calogero heilwirksames Wasser (wieder)entdeckt haben. Tatsächlich ist die Geschichte der Therme wesentlich älter. Ein Tholos (mykenischer Kuppelbau) überspannt eines der ältesten Dampfbäder überhaupt (Bronzezeit, etwa 1.500 v. Chr.). In der griechischen und römischen Zivilisation wurden die Vorzüge des 57 °C warmen Wassers geschätzt. Dem Wasser wurden heilende Wirkung bei folgenden Leiden zugeschrieben: Hautkrankheiten, Rheuma und Gicht.

Auf römische Zeit gehen die sichtbaren Mauerreste zurück sowie das Wasserbecken 20 m rechts vom Tholos. Neben das historische Thermalbad wurde 1867 ein Kurhaus für Kuren bei Rheuma und Arthritis gebaut, das später im Art-déco-Stil renoviert und bis 1975 genutzt wurde. Zuletzt zählte das Thermalbad rund 150 Gäste im Jahr, musste dann aber schließen, v. a. weil die Infrastruktur und die sanitären Standards den (hygienischen) Ansprüchen nicht mehr genügten und die Besitzverhältnisse nicht eindeutig geklärt waren. Außerdem ist die Fördermenge von 400 l/Stunde für einen zeitgemäßen Betrieb kaum ausreichend – das reicht gerade mal, um in einer Stunde drei Badewannen zu füllen.

Vor dem alten (römischen) Wasserbecken stehend folgen Sie der Straße links an der Therme vorbei. Nach 50 m befindet sich rechts eine Terrasse mit schöner Aussicht über die Westküste und Sitzgelegenheiten auf Mauern.

Vor der Terrasse nehmen Sie scharf rechts den Betonweg abwärts und gehen nach einer Linkskurve links an dem gelben Thermalgebäude vorbei und weiter Richtung Küste.

100 m nach dem Gebäude gehen Sie bei einer Gabelung links auf dem Betonweg zwischen Betonmauern durch Olivenhaine und bei der folgenden Gabelung wieder links auf dem oberen Weg mit schöner Aussicht am Hang entlang.

Die nächste Gabelung erwartet Sie bei einem alten Haus: Sie gehen geradeaus am Hang durch Gras, das je nach Jahreszeit sehr lang sein kann. Abzweigungen ignorieren Sie, auch wenn der Weg abwärtsführt. Bei der nächsten Gabelung nehmen Sie den links aufwärtsführenden Graspfad, später etwas dornig durch Stechginster.

Ab einer T-Kreuzung geht es rechts abwärts auf einem breiteren Hangweg, der durch ein Bachtal ❷ (km 3,8, ⇧ 114 m) mit stellenweise Pfahlrohr führt. 20 m

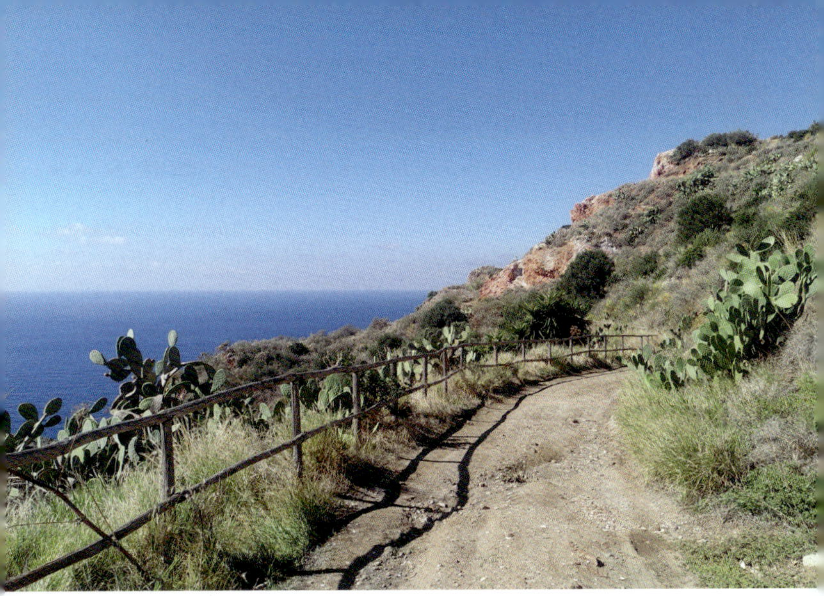

*Weg an der Westküste unterhalb von Pianoconte*

nach dem Pfahlrohr wandern Sie rechts über eine wild bewachsene Fläche. Sie folgen dem etwas undeutlichen Pfad, der bald durch eine Rechtskurve steiler abwärtsführt und deutlicher wird. Kurz darauf passieren Sie ein kleines Seitental mit Pfahlrohr, ehe der Weg etwas schlammig und stellenweise von Brombeeren bewuchert wird.

100 m nach der Verbreiterung des Weges erreichen Sie eine Gabelung, an der Sie dem breiten Schotterweg ❸ (km 4,4, ⇧ 107 m) links aufwärts folgen, vorbei an einem Haus mit Metalltor. Der breite Weg führt kurvenreich mit toller Sicht gemächlich hinauf und passiert später bunte Kaolinfelsen mit Calcitkristallen. Bei den ersten Häusern von Pianoconte folgen Sie der Straße weiter aufwärts. Bei der Kreuzung mit der Hauptstraße geht es links entlang der Hauptstraße zurück zum Startpunkt bei der Schule. Links von der Rechtskurve der Straße liegt die Bar Al Bivio, eine weitere (Bar 24) befindet sich rechts hinter der Schule.

🍸 Bar Al Bivio, SP179, 23, ☏ 090/335 36 39, 🚪 täglich durchgehend, ruhiger gelegene Bar mit größerem Angebot an Essbarem

♦ Bar 24, Via Stradale, 📱 33 93 80 89 17, 🚪 täglich durchgehend, rustikale Dorfbar direkt an der Hauptstraße mit nur wenig Essbarem

# 8 Westküstenwanderung auf Lipari

*Tour für Landschaftsgenießerinnen und Landschaftsgenießer*

*Diese Wanderung führt Sie von der Cave di Caolino zur dünn besiedelten felsigen Westküste Liparis und an dieser entlang, mit weiten Blicken auf das Meer und die ältesten Vulkane Liparis: mehr als 200.000 Jahre alte Stratovulkane. Nach der Terme di San Calogero erreichen Sie Pianoconte, wo diese Tour optional beendet werden kann.*

→ Start: Haltestelle „Cave di Caolino", GPS N 38°29,848' E 014°55,133';
Ziel: Lipari, Anfang des Corso V. Emanuele beim Decò-Supermarkt, GPS N 38°28,178' E 014°57,279'

10,3 km

4 Std.

↑↓ 300 m/660 m; An-/Abstieg überwiegend am Stück

⇧ 2-390 m

sehr selten Wegweiser

Pfade, breite Gehwege sowie kleine Straßen, meistens mit wenig Verkehr

Einkehrgelegenheiten in Pianoconte (km 7,5) und am Ziel

Rastplatz vor der Terme San Calogero (km 5,3) und an der Kirche in Pianoconte (km 7,7)

Für Kinder ist die Wanderung grundsätzlich geeignet,

Für Buggys ist der Weg nicht geeignet, da der Pfad zu bergig und teilweise in schlechtem Zustand ist.

Hunde können mit.

mit dem Linienbus ab Lipari-Stadt nach Pianoconte, vormittags täglich 8:00 und 10:00 (Fahrzeit etwa 30 Min.) sowie optional zurück von Pianoconte, www.ursobus.it → Orario e Servizi Pubblici

Von der Bushaltestelle „Cave di Caolino" gehen Sie wenige Meter nordwärts, nehmen vor der Rechtskurve der Hauptstraße die links in Fahrtrichtung abzweigende kleine Straße (Schild „Cave di Caolino") und folgen ihr bis zum Ende. Nach 10 Min. (km 0,8) macht die Straße vor einem alten Haus eine Linkskurve und endet vor einem Hang (km 1,1, ⇧ 358 m). Nach links führt eine Art Hohlweg nach 50 m zu der **Cave di Caolino**, einem ehemaligen Tagebau, in dem Kaolinsand abgebaut wurde ❶.

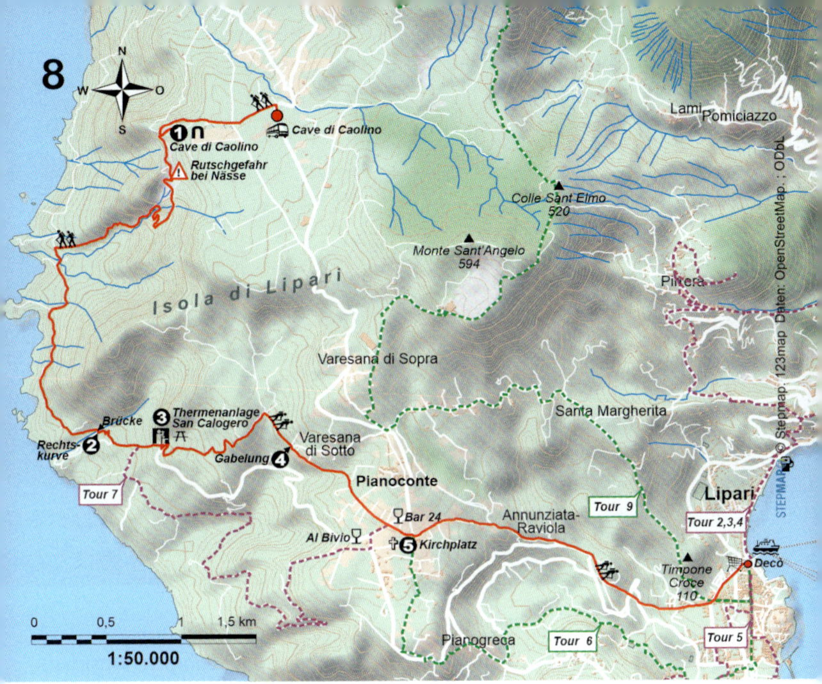


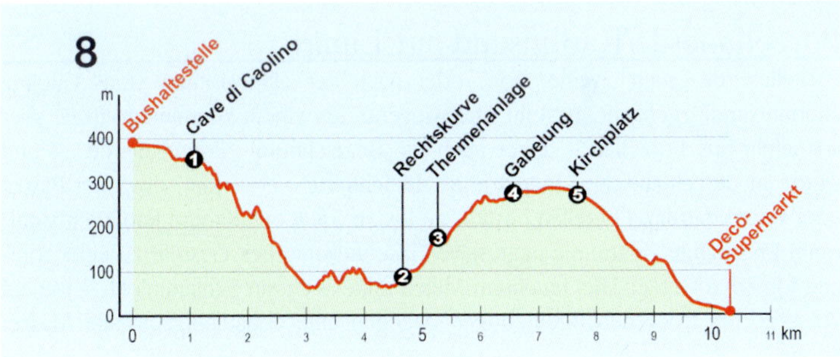


Die Kaolinsandgrube verlassend folgen Sie mit dem Gesicht zur Küste dem links abwärtsführenden, gut erkennbaren Weg, der nach 50 Min. und vielen Serpentinen unten auf einen breiteren Weg trifft (km 3 ⇧ 65 m), dem Sie links folgen.

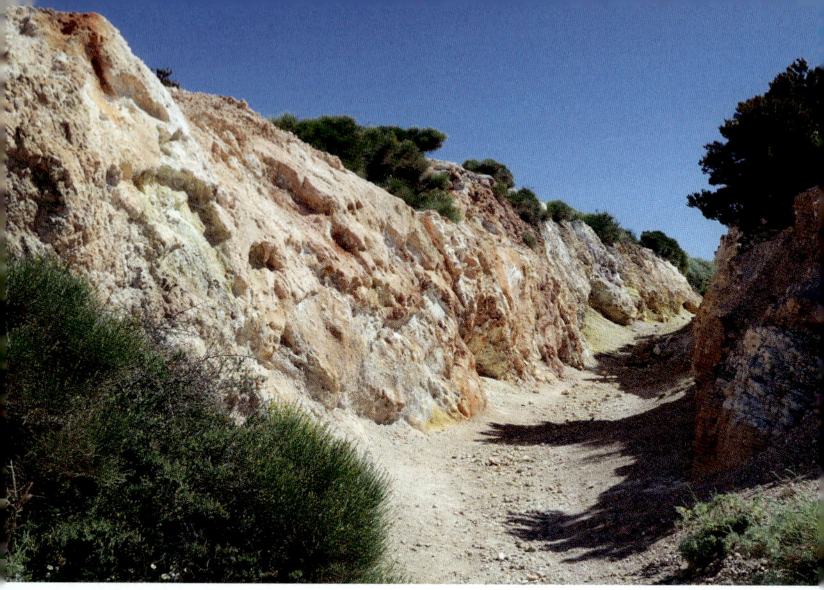

*Cave di Caolino*

Der kurvenreiche Weg abwärts ist stark erodiert und erfordert Trittsicherheit. Vor allem bei Nässe ist Vorsicht geboten!

## Porzellanerde/Kaolinsand auf Lipari

Porzellanerde, auch „weißer Ton" oder nach der chinesischen Stadt Gaoling „Kaolin(sand)" genannt, besteht überwiegend aus einem Aluminiumsilikat, aber vor allem aus Porzellan – daher auch die Bezeichnung „Porzellanerde" – und wurde in der chemischen Industrie als Bleichmittel verwendet, etwa bei Papier oder Waschmitteln. Porzellan besteht zu bis zu 55 % aus Kaolin! Kaolin entsteht, wenn über lange Zeiträume aggressive Gase vulkanisches Gestein zu einer tonigen Masse zersetzen. Bei feuchtem Milieu bildet sich ein Schlammloch – wie auf Vulcano, bei trockenen Bedingungen dagegen eine abbaufähige tonige Masse: Kaolin.

Nach 100 m geht es durch eine Senke und gleich darauf halten Sie sich bei einer Gabelung links. Sie gehen kurz steil aufwärts und geradeaus weiter. In einer Linkskurve überrascht sie möglicherweise eine – maximal knöcheltiefe – Wasserpfütze, die Sie am besten an der (dornigen) Seite passieren.

Nach 25 Min. führt der Weg durch ein tieferes Seitental. In der scharfen Rechtskurve ❷ (km 4,7, ⇧ 68 m) kürzen Sie die folgende 800 m lange Schleife des Weges mit dem links hinter der Brücke aufwärtsführenden Pfad um 600 m ab.

Der Pfad erreicht nach 150 m oben wieder den kleinen Fahrweg, dem Sie links aufwärts folgen, die Küste im Rücken. Nach knapp 5 Min. erreichen Sie ein großes gelbes Gebäude, das seine besten Tage hinter sich hat: die alte **Thermenanlage von San Calogero** ❸ (km 5,3, ⇧ 155 m).

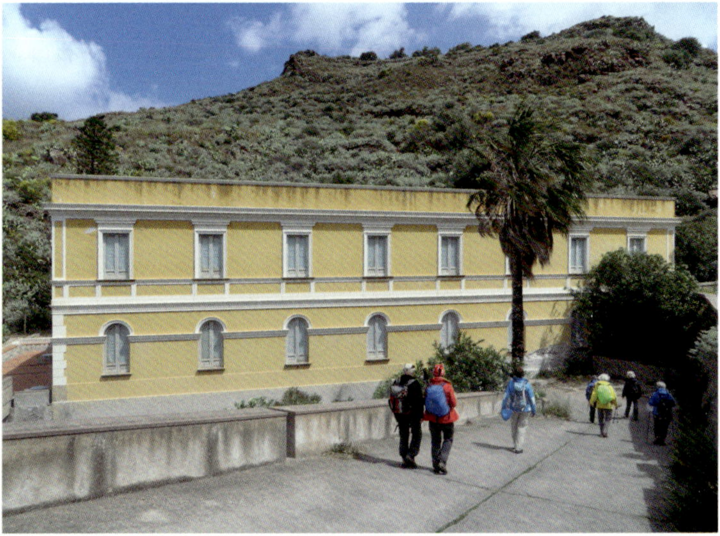

*Therme San Calogero*

rechts von der Therme (Info ☞ Tour 7) schöne Aussichtsplattform mit Sitzgelegenheit auf Mauer

Gegenüber von dem alten römischen Wasserbecken führt am Ende der Straße an einem großen Eukalyptusbaum ein gepflasterter Weg aufwärts: Dort gehen Sie entlang. Nach 15 Min. (km 6 ⇧ 240 m) erreichen Sie bei Gebäuden eine Fahrstraße und folgen dieser geradeaus, vorbei u. a. an Schuppen und Werkstätten. Nach 500 m halten Sie sich bei einer Gabelung ❹ unter einer etwa 4 m hohen weißen Steinmauer rechts (kleiner roter Pfeil). Es geht noch durch ein Seitental hindurch, ehe Pianoconte erreicht wird.

Bei der dortigen Kreuzung mit der Hauptstraße mit der Schule zur Rechten (km 7,5, ⇧ 275 m) wandern Sie geradeaus durch die abwärtsführende Gasse. Vorher bietet sich eine Erfrischung an: Die Bar 24 erreichen Sie nach 30 m, wenn Sie links gehen. Zur Bar Al Bivio geht es nach rechts und nach 70 m noch einmal rechts, nach weiteren 30 m ist die Bar rechter Hand erreicht.

Bar 24, Via Stradale, 33 93 80 89 17, täglich durchgehend, rustikale Dorfbar direkt an der Hauptstraße mit nur wenig Essbarem

♦ Bar Al Bivio, SP179, 23, ☏ 090/335 36 39, täglich durchgehend, ruhiger gelegene Bar mit größerem Angebot an Essbarem

Links an der Kreuzung (und vor der Schule) finden Sie eine Bushaltestelle. Abfahrten nach Lipari z. B. Mo bis Sa 12:55, 13:55, 14:55

Für den Weiterweg nach Lipari (etwa 35 Min., identisch mit Tour 6 in anderer Richtung) wandern Sie durch die Gasse abwärts durch den Ort zum Kirchplatz ❺ und folgen dort der links von der Kirche abwärtsführenden hohlwegartigen Straße Richtung Lipari, die nach 15 Min. in die Hauptstraße einmündet (km 8,8, ⇧ 130 m).

Dieser folgen Sie für 100 m, um in der Rechtskurve die links aufwärtsführende Straße zu nehmen, die ebenfalls eine Rechtskurve macht. Nach 100 m nehmen Sie den links nach Lipari führenden gepflasterten Fußgängerweg, wandern bald unter einer Straße hindurch und nach Lipari hinein. Dort gehen Sie bei Kreuzungen immer geradeaus, bis Sie schließlich den Corso erreichen.

# ⑨ Auf die höchsten Gipfel von Lipari

*Tour für Gipfelstürmerinnen und Gipfelstürmer*

*Die zwei höchsten Berge von Lipari, der Weg dorthin und die Abschnitte zwischen den Gipfeln bieten weite Ausblicke. Allerdings sind Trittsicherheit und ein Mindestmaß an Schwindelfreiheit auf den ausgewaschenen weichen Bimssteinpfaden absolut erforderlich. Die schwierigste Passage lässt sich durch eine Abkürzung umgehen (☞ leichtere Varianten).*

→ Start: Quattropani, Bushaltestelle „Chiesa Nova", GPS N 38°30,476' E 014°54,998'; Ziel: Lipari, Anfang des Corso V. Emanuele beim Decò-Supermarkt, GPS N 38°28,178' E 014°57,279'

11,5 km

4 Std.

↑↓ 370 m/675 m; An-/Abstieg verteilt auf jeweils zwei längere Abschnitte

⇧ 2-602 m

einige wenige Holzschilder

teilweise etwas verwachsene und unterspülte Wege, großteils über Bimsstein sowie Fahrwege, überwiegend mit sehr wenig Verkehr

Einkehrgelegenheiten am Ziel und eventuell in Pianoconte (Abstecher ab km 7,6)

keine Rastplätz, aber aussichtsreiche Sitzgelegenheiten auf Steinen oder Schotter am Monte Chirica (km 3) und am Aussichtspunkt bei km 5,4

für Kinder machbar, aber anstrengend wegen des steilen An-/Abstiegs auf nicht ungefährlichem Weg

für Buggys wegen zu steiler und verwachsener Pfade nicht machbar

Hunde können problemlos mit, auch ohne Leine. Vorsicht bei den steilen und verwachsenen Pfaden und der Straße am Schluss!

mit dem Linienbus ab Lipari-Stadt zur Haltestelle „Chiesa Nova" in Quattropani, Mo-Sa 8:15 und 10:00 (Dauer: etwa 25 Min.), www.ursobus.it → Orario e Servizi Pubblici

Sie sollten teure bzw. empfindliche Outdoorkleidung lieber zu Hause lassen, denn der Aufstieg zum Monte Chirica ist stellenweise verwachsen, u. a. mit Brombeersträuchern!

## Leichtere Varianten ab Bushaltestelle „Chirica Rasa“:

Wenn Sie schon bei der Haltestelle „Chirica Rasa“ aussteigen (nach 20 Min.), bieten sich folgende zwei Abkürzungen an:

▷ **Direkter Anstieg zum Ristorante Sangre Rojo (➲ 0,8 km weniger)**, damit vermeiden Sie den evtl. etwas verwachsenen Pfad vor km 1,3: An der Bushaltestelle folgen Sie der rechts ansteigenden Straße (Schild „Sangre Rojo“). Nach 1,2 km erreichen Sie zur Linken das Ristorante Sangre Rojo (nur abends) und folgen der Straße nach rechts aufwärts. Für den weiteren Weg folgen Sie der Beschreibung ab km 2.

▷ **Abkürzung ohne Monte Chirica (➲ 2 km weniger)**, damit vermeiden Sie die schwierige Passage über den verwachsenen und ausgesetzten Bimssteinweg, verpassen aber auch den Monte Chirica: Von der Bushaltestelle gehen Sie auf der Hauptstraße wenige Meter zurück, d. h. gegen die Fahrtrichtung des Busses, und folgen noch vor der Rechtskurve links dem leicht aufwärtsführenden Hohlweg. Nach 10 Min. erreichen Sie eine Kreuzung (km 0,5): Links führt ein Fußweg Richtung Ristorante Sangre Rojo, für Sie geht es aber geradeaus auf dem Hohlweg weiter, leicht aufwärts. Nach 250 m halten Sie sich bei einer Gabelung rechts und nach 150 m bei einer weiteren Gabelung links. Nach 160 m, vor einem großen Metalltor, gehen Sie links auf dem Bimssteinweg aufwärts, vorbei an dem schilfartigen Canna-Gras. Nach einer scharfen Rechtskurve mündet der Weg in

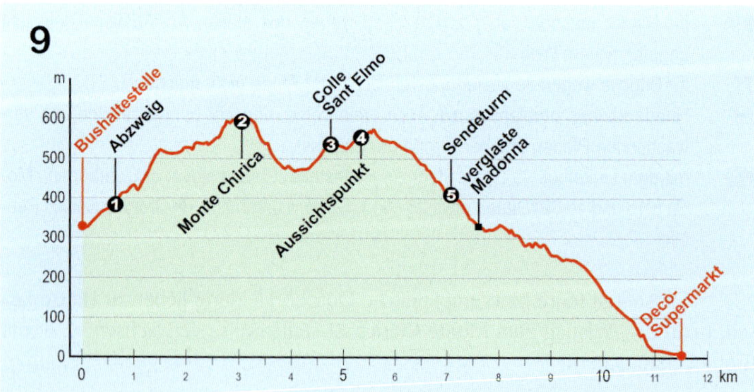

den Kammweg ein (km 1,7, ⇧ 475 m), wo von links der Abstieg des Monte Chiricas dazukommt. Weiter geht es halb rechts auf dem Kammweg leicht aufwärts, ab km 3,6 der regulären Route.

Die Tour beginnt in Quattropani bei der Bushaltestelle „Chiesa Nova“. Dort folgen Sie der links von der Hauptstraße abwärtsführenden Straße Richtung Ort

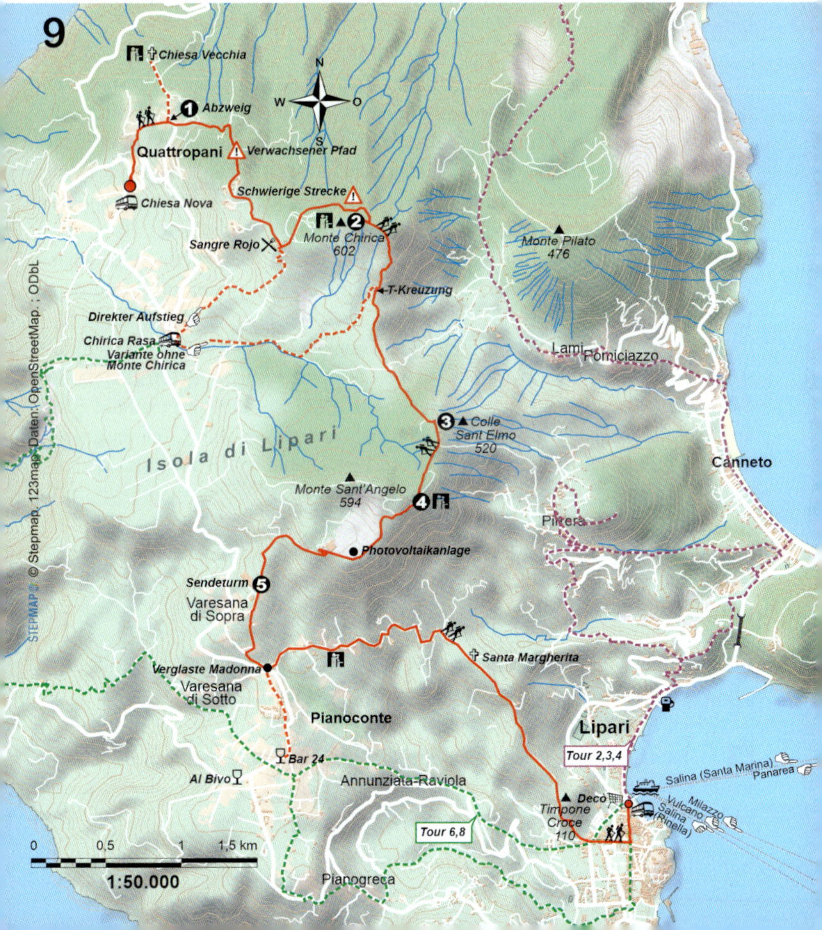

bzw. Kirche, um nach 30 m scharf rechts die Gasse aufwärts zu nehmen, unter der Hauptstraße hindurch.

Nach 600 m bzw. einer lang gestreckten Rechtskurve ignorieren Sie kurz nacheinander eine linke und eine rechte Abzweigung und folgen der einem Hohlweg gleichenden Straße geradeaus aufwärts, nach 400 m vorbei an einer linken Straßenabzweigung ❶ zur Chiesa Vecchia.

Die Straße links führt zur kleinen Chiesa Vecchia mit phänomenalem Ausblick nach Salina.

Nach 450 m führt die Straße nach einer Linkskurve leicht abwärts. 50 m nach dieser Linkskurve nehmen Sie rechts den kleinen Pfad aufwärts, der teilweise etwas verwachsen sein kann. Sie folgen dem Pfad in gerader Linie aufwärts und ignorieren dabei erst einen rechts und kurz darauf einen links abzweigenden Weg. Der Pfad führt nach 10 Min. bei einem neuen Haus auf der linken Seite an einen Betonweg, dem Sie geradeaus aufwärts folgen, bis an ein anderes Haus heran (km 1,4, ⇧ 495 m). Ab hier geht es rechts auf der relativ eben verlaufenden Zufahrtsstraße weiter, die zunächst rechts um das Haus herum und dann durch Weinhänge auf den Monte S. Angelo zuführt.

Nach 700 m folgen Sie beim Ristorante Sangre Rojo der Straße links aufwärts (km 2,1, ⇧ 495 m). Nach 100 m wechselt der Wegbelag von Beton zu Schotter. Sie wandern geradeaus (ostwärts) weiter durch die von Kiefern gesäumte Allee, an deren Ende der Weg in leichtem Rechtsbogen aufwärtsführt, teilweise durch Gestrüpp und eine Rinne. Sie folgen dem Weg kontinuierlich aufwärts durch die Bimssteinrinne.

Die folgende Passage bis kurz vor den Gipfel ist kein Spaziergang: Die tief ausgewaschene Bimssteinrinne und die Vegetation mit Brombeeren u. Ä. stellen eine gewisse Mindestanforderung an Ihre „Geländegängigkeit".

Nach 15 Min. erreichen Sie den Kamm des **Monte Chirica** und folgen ihm 50 m nach rechts zum Gipfel mit dem Sendemast ❷ (km 3, ⇧ 602 m).

Sie haben eine weite Sicht vom Monte Chirica, v. a. nördlich nach Salina herüber. Der Süden ist wegen des Bergkamms nicht so gut zu überblicken. Dieser ist beim nun folgenden Abstieg besser zu sehen.

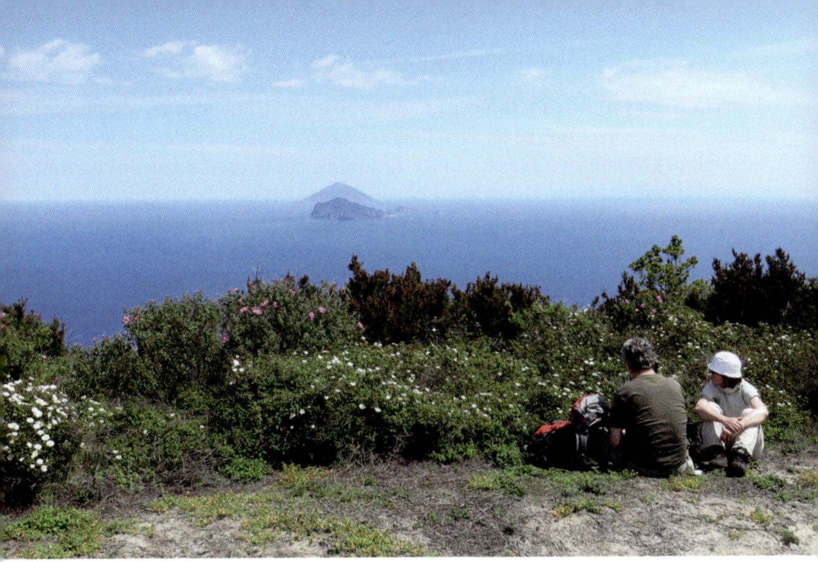

*Auf dem Gipfel des Monte Chirica*

Abwärts geht es zunächst in dieselbe Richtung, aus der Sie gekommen sind, nach 50 m aber nicht wieder links durch den verwucherten Pfad, sondern geradeaus auf dem Kamm, der nach kurzer Zeit steil abfällt. Der Pfad folgt im Wesentlichen der tief ausgewaschenen Bimssteinrinne auf wechselnden Seiten. Sowohl nach außen wie nach innen hin geht es stellenweise tief hinunter. Der genaue Verlauf des Pfades ändert sich jedes Jahr, je nach Auswaschung und Bewuchs. 600 m nach dem Gipfel erreichen Sie unten eine T-Kreuzung mit einem breiteren Weg (km 3,7, ⇧ 475 m). Von rechts mündet die leichtere Variante (ohne Monte Chirica) ein.

Sie folgen dem Weg, der im Folgenden auf dem Bergrücken zwischen Monte Chirica und Monte Sant'Angelo verläuft, halb links leicht aufwärts. Sant'Angelo entstand vor rund 50.000 Jahren, als noch Neandertaler die Erde bevölkerten. Wegen der Vegetation an beiden Seiten gibt es nur wenig Aussicht.

Nach 1 km folgen Sie dem Weg bei der Anhöhe von Sant Elmo ❸ durch die Rechtskurve und halten sich 20 m danach bei einer Gabelung rechts. Nach 250 m gabelt sich der Weg erneut; welche Variante Sie nehmen, ist egal, denn beide führen nach 5 Min. wieder zusammen ❹ (km 5,4, ⇧ 540 m).

schöne Aussicht nach links auf Lipari

Nach 100 m erreichen Sie eine große umzäunte Betonfläche, die frühere Regenwassersammelanlage im alten Krater des von Antennenmasten bestandenen Gipfels des Monte Sant'Angelo. Lange Zeit wurde der Wassersammler nicht mehr genutzt, bis 2011 Investoren die Fläche für eine Fotovoltaikanlage entdeckten (Kapazität: 1,1 MW, Kosten: ca. 1,5 Mio. €). Die Solarmodule sollten ursprünglich zum Betrieb der Meerwasserentsalzungsanlage von Canneto genutzt werden, wenn nicht Planungsprobleme und Hindernisse beim Anlegen der Leitung das Projekt vereitelt hätten.

Sie folgen dem Weg links um den Solarpark herum und erreichen nach 600 m die Zufahrtsstraße, der Sie in Serpentinen abwärts folgen (km 6,2, ⇧ 530 m).

☺ Nach 1 km bzw. 100 m nach dem rot-weiß gestreiften Sendeturm ❺ an der linken Seite kürzen Sie ab, indem Sie in einer Rechtskurve der Straße (km 7,2, ⇧ 390 m) mit einem weißen Haus rechts und einem mit Zäunen eingefassten Garten mit Gatter links an zwei viereckigen Betonpfählen den links abzweigenden kleinen betonierten Pfad nehmen. Dieser führt geradewegs (bergab) auf Pianoconte zu.

Nach 100 m geht es hinter der Casa Scafidi rechts über Treppen abwärts. 5 Min. nach Beginn des Pfades kommen Sie wieder zur Straße, folgen ihr links abwärts 180 m zu einer verglasten Madonna vor der Hauptstraße und erreichen Pianoconte (km 7,7, ⇧ 310 m).

## Abstecher nach Pianoconte

(2 x 900 m, 15 Min., ↑↓ 40 m)

Bei der verglasten Madonna folgen Sie der Hauptstraße 30 m nach links, über die Brücke hinüber und an einer Bushaltestelle vorbei. 20 m hinter der Bushaltestelle, vor dem Ortsschild „Pianoconte", nehmen Sie den Weg nach rechts (mehrere Schilder: Einbahnstraße und Parkverbot). Nach 5 Min. erreichen Sie wieder die Hauptstraße, folgen ihr geradeaus, gehen nach 150 m durch die Rechtskurve und erreichen kurz darauf zwei Einkehrgelegenheiten.

- Bar 24, Via Stradale, 33 93 80 89 17, täglich durchgehend, rustikale Dorfbar direkt an der Hauptstraße mit nur wenig Essbarem
- Bar Al Bivio, SP179, 23, ☏ 090/335 36 39, täglich durchgehend, ruhiger gelegene Bar mit größerem Angebot an Essbarem
- An der Kreuzung (vor der Schule) ist eine weitere Bushaltestelle. Abfahrten nach Lipari z. B. Mo-Sa 12:55, 13:55 und 14:55

Die Wanderung führt vor der Hauptstraße links abwärts weiter auf die kleine Straße, der Sie dann aber nicht rechts unter die Unterführung folgen, sondern links über die Straße gehen, die zwischen Felswänden hindurchführt.

50 m nach der Unterführung halten Sie sich links und folgen der (kaum befahrenen) Straße zunächst am Südhang des Monte Sant'Angelo entlang und genießen dabei weite Blicke auf den Süden von Lipari, ohne sich auf den Weg konzentrieren zu müssen.

Nach 20 Min. müssen Sie aufpassen (km 8,8, ⇧ 275 m)! Gehen Sie nicht geradeaus in die Einfahrt, sondern folgen Sie dem Straßenverlauf rechts abwärts.

Weiter geht es auf der Straße abwärts und nach einem Zwischenanstieg vorbei an der Kapelle S. Margherita, bis Sie schließlich die Umgehungsstraße um Lipari erreichen (Via Cappuccini). Diese queren Sie, um geradeaus auf der Seitenstraße zum bekannten Corso von Lipari zu gelangen.

*Monte Sant'Angelo*

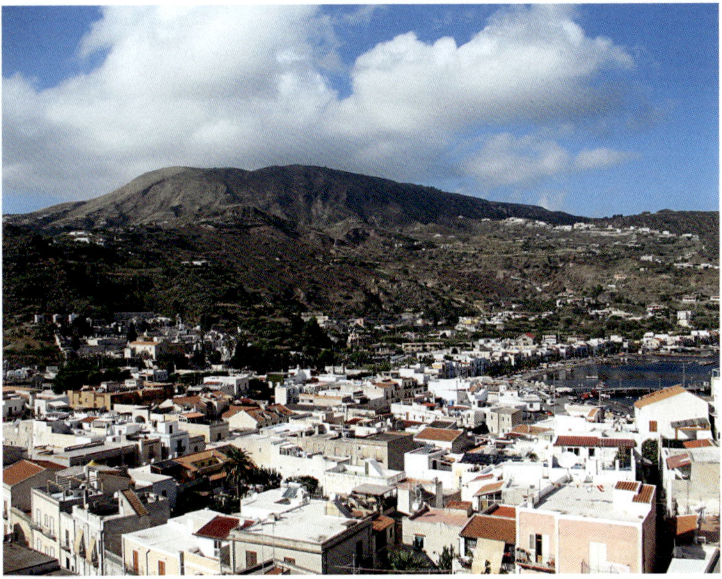

# Vulcano

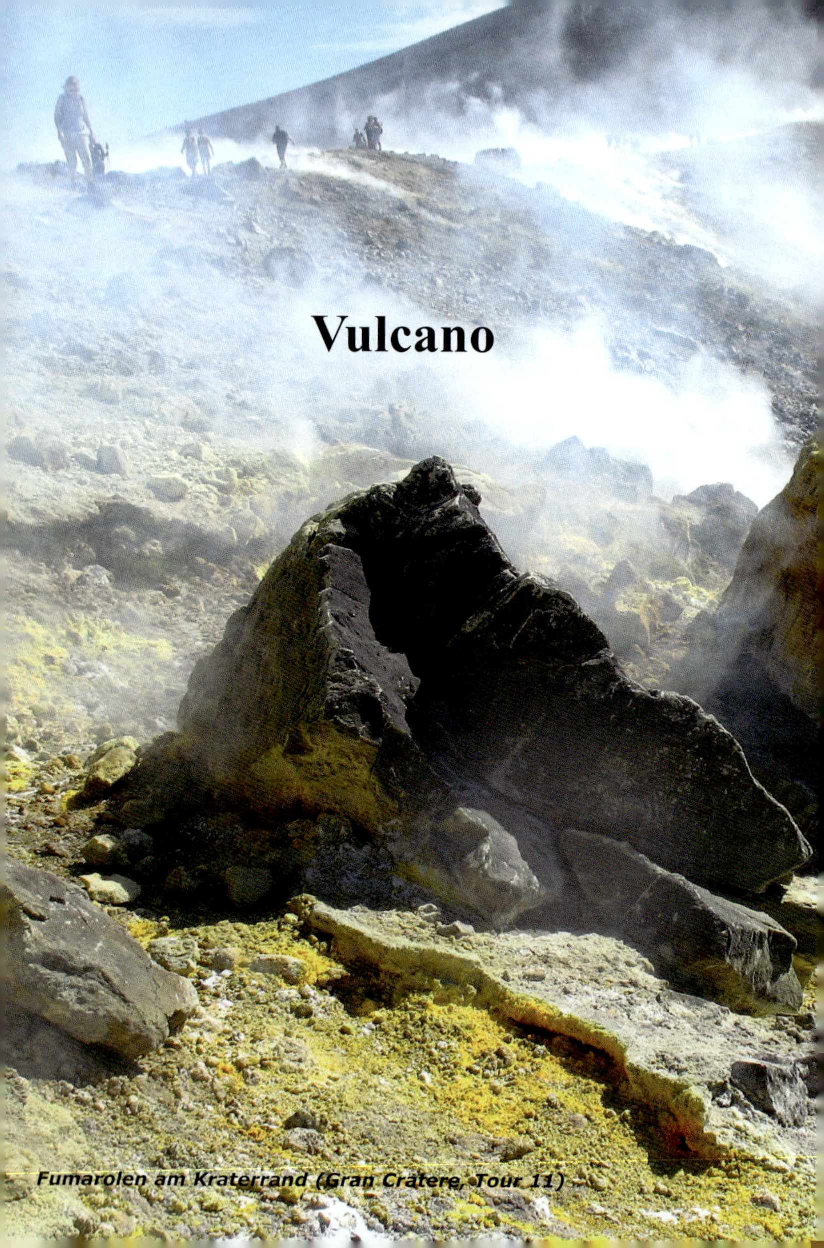

*Fumarolen am Kraterrand (Gran Cratere, Tour 11)*

Schon im Hafen nimmt man den an faule Eier erinnernden Geruch des Schwefelwasserstoffs wahr, der neben vielen anderen Gasen aus den vielen Spalten am Krater, vor allem aber im sogenannten Schlammbad (☞ Tour 12) entweicht.

Vulcano, mit 750 Einwohnerinnen und Einwohnern die drittgrößte der Liparischen Inseln, brummt in der Hauptsaison, weil hier zwei der größten Strände des Archipels zu finden sind und die kürzesten Verbindungen zum Festland bestehen. Namensgeber ist der auffällige Vulkankrater, genauer gesagt sind es mehrere ineinander verschachtelte Vulkane, deren jüngster (Gran Cratere) zuletzt 1890 ausgebrochen ist. In der antiken Mythologie galt Vulcano als Heimat des griechischen Feuergottes Hephaistos, der dort die Rüstung des Äneas geschmiedet haben soll (Vergil: Äneis, 8. Band). Vulcano ist durch eine 50 m tiefe und 800 m breite Wasserstraße von Lipari getrennt.

Ein „Muss" auf Vulcano ist der Aufstieg auf den Gran Cratere (☞ Tour 11), der sich mit den zwei anderen hier beschriebenen kurzen Wanderungen kombinieren lässt.

Die meisten Hotels liegen in Hafennähe sowie auf der Halbinsel Vulcanello, einige sind aber nur in der Hauptsaison geöffnet.

Hotel Faraglione, Via Porto Levante 2, ☎ 090/985 22 30, hotel@faraglione.com, www.faraglione.com, DZ mit F ab € 60, 12 Zimmer in traditioneller Unterkunft seit 1954, von Tagestouristinnen und Tagestouristen stark besuchte Bar, zentral am Fähranleger, Bar täglich durchgehend

**B&B** Rund um den Hafen Porto di Levante gibt es einige Privatunterkünfte:

♦ Casa Arcada, an der Hauptstraße zu Füßen des Kraters, 200 m südwestlich vom Hafen, Strada Provinciale 178, ☎ 090/985 26 12, 34 76 49 76 33, www.casaarcada.it, ÜF im DZ ab € 70, Anfang April bis Anfang November

Camping Togo Togo, Via Porto di Ponente, ☎ 090/985 23 03, 33 56 48 29 88, www.campingvulcano.it, Zelt ab ca. € 25, Hütte/Zi ab € 50, Anfang April bis Ende September, Camping und Bungalows am Nordende der Badebucht Porto Ponente in ruhiger Lage

M.E.E.B. Market Di Mandarano Bartolo, Via Provinciale, Mo-Sa 8:00-13:00 und 16:00-20:00, So 8:00-13:00, kleiner Supermarkt in Hafennähe an der Hauptstraße Richtung Krater

Farmacia Bonarrigo, Via Favaloro 1, ☎ 090/985 22 44, 300 m vom Hafen entfernt

Es gibt viele Schiffsverbindungen vom/zum Festland und von/nach Lipari. Die günstigsten Schiffsverbindungen für einen Tagesausflug von Lipari mit öffentlichen Schiffen (Tarife pro Strecke ca. € 5 bis 8):

- ab Lipari nach Vulcano: vormittags täglich Schnellboot 8:30, 10:50 sowie Di und Fr Fähre um 10:10 (Siremar)
- ♦ zurück nach Lipari ab Vulcano: Schnellboot täglich 13:25, 14:25, täglich außer Sa 15:50, Fähre Richtung Neapel Mo und Do ca. 16:10
- ☺ Ab Marina Corta werden Tagestouren von Lipari nach Vulcano per Boot angeboten (ab € 20), www.popologiallo.it., www.eolieexcursions.it, www.damassimo.it
- Es gibt eine Buslinie vom Hafen Porto di Levante auf die Hochebene. Abfahrten vom Hafen (Stand 2023): Mo-Sa 8:00, 9:00, 15:00, in der sommerlichen Hauptsaison 8:00, 10:15, 11:30, 16:30, 18:00; Tickets im Bus (ca. € 3). Haltestelle beim Fahrkartenschalter von Liberty Lines am Hafen, Scaffidi, ☏ 090/985 30 73, 33 86 96 17 23
- mehrere kleine Anbieter für Taxi-Fahrten, z. B. Taxi Santi, 36 63 02 87 12
- zwei Strände in Hafennähe: Strand bei Porto di Levante 100 m vom Hafen entfernt, direkt neben dem Schlammbad (immer der Nase bzw. dem Schwefelduft nach). Er ist steinig und etwas verschmutzt, dafür lockt er als natürlicher „Whirlpool“ mit einigen Heißwasserquellen, die zuletzt allerdings abgesperrt waren. Der andere Strand, am Porto di Ponente, liegt 300 m vom Hafen entfernt, mit Blick auf Liparis Westküste, ist feinsandiger und meistens sauberer.

*Gran Cratere auf Vulcano (Tour 11)*

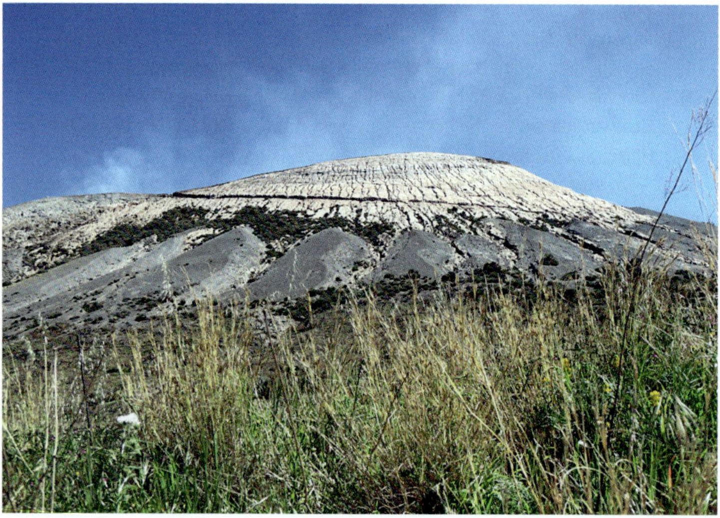

# 10 Westküstenwanderung auf Vulcano

*Tour für Landschaftsgenießerinnen und Landschaftsgenießer*

*Diese Panoramawanderung führt Sie anfangs durch eine für die Liparischen Inseln ungewöhnliche Landschaft: Sie wandern durch einen Wald aus Eukalyptusbäumen oberhalb der Westküste, mit Blick nach Sizilien mit dem Ätna. Höhepunkt ist der Gipfel Monte Saraceno, auf dessen Nordflanke Sie abwärts wandern.*

→ Start: Kurve vor der Schule (Bushaltestelle), GPS N 38°22,827' E 014°58,902';
Ziel: Vulcano, Porto di Levante, GPS N 38°24,849' E 014°57,599'

8,5 km

3 Std.

↑ ↓ 200 m/570 m; An-/Abstieg überwiegend am Stück

⇧ 2-485 m

keine

breite Wege sowie stellenweise etwas steinige Pfade durch Eukalyptuswald sowie über freie Bergfläche, breite Wege, außerdem Fahrweg über Schotter und Asphalt

Einkehrgelegenheiten am Ziel

keine Rastplätze/Sitzbänke, aber aussichtsreiche Sitzgelegenheit auf Steinen am Monte Saraceno (km 3,8)

für Kinder gut geeignet: abwechslungsreich mit vielen Aussichten und nicht zu lang

für Buggys wegen des Abstiegs auf Schotterpfad nicht geeignet

Hunde können mit. Bei Jagdtrieb sollte der Hund aber angeleint bleiben, da gelegentlich Vieh auf den Flächen steht (Schafe, Ziegen).

seltene Busabfahrten ab Porto di Levante (online nicht einsehbar), Fahrzeiten (Stand 2023): ab Porto di Levante Mo-Sa 8:00, 9:00, 15:00, in der sommerlichen Hauptsaison 8:00, 10:15, 11:30, 16:30, 18:00. Falls der Bus fährt, lösen Sie bis Piano (etwa € 3) und verlassen den Bus an der Gabelung vor der scharfen Linkskurve vor der Schule (*il bivio prima della scuola*). Info: Scaffidi Bus Tour Vulcano, 33 86 96 17 23

alternativ Anfahrt mit dem Taxi (ca. € 25, etwa Taxi Santi, 36 63 02 87 12, santi.romeo@alice.it

Der Gipfelbereich des Monte Saraceno ist im Frühjahr möglicherweise mit hohen Disteln übersät: Lange Hosen sind dann vorteilhaft!

Während der Bus der Hauptstraße durch die Linkskurve folgt (Richtung Capo Grillo), nehmen Sie die rechts abzweigende Straße, die geradeaus unter

Eukalyptusbäumen südwärts auf die Küste zuführt (Schild „Chiesa"). Nach 150 m folgen Sie in der Linkskurve dem Schotterweg halb rechts, links neben einer weißen Mauer (Schild „Villa Viky"). 50 m nach dem Mauerende geht es bei einer Gabelung rechts abwärts (links ist eine Kette auf dem Weg) und kurz darauf sich rechts haltend zu Betonpfählen ❶, zwischen denen ein Metallgatter befestigt ist (wegen des Viehs). Dieses ist meistens verschlossen, um Verkehr (Quads) abzuhalten. Sie können links um das Gatter herum gehen (es gibt kein Betretungsverbot). Weitere kleine Gatter folgen, die aber leicht geöffnet werden können.

100 m nach den Betonpfählen halten Sie sich bei einer T-Kreuzung vor einem verfallenen weißen Gebäude links und passieren nach 120 m einen Viehzaun, ehe sich der Weg vor der Kliffkante gabelt. Sie gehen rechts abwärts und passieren nach 30 m zur Rechten einen Schuppen aus Beton. Nach 100 m halten Sie sich im Eukalyptushain bei einer T-Kreuzung links, folgen dem Weg durch den Eukalyptushain und kurz darauf oberhalb der Steilküste.

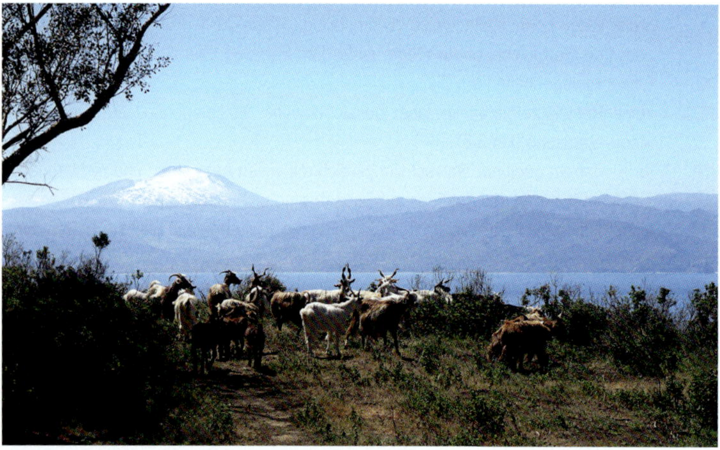

*Die Westküste von Vulcano mit Ziegen und Ätna-Blick*

Bei guter Sicht können Sie nach links bis zum Ätna blicken.

Gelegentlich versperren Viehzäune (Schafe, Ziegen) den Weg, die sich aber leicht öffnen lassen (Schließen nicht vergessen!).

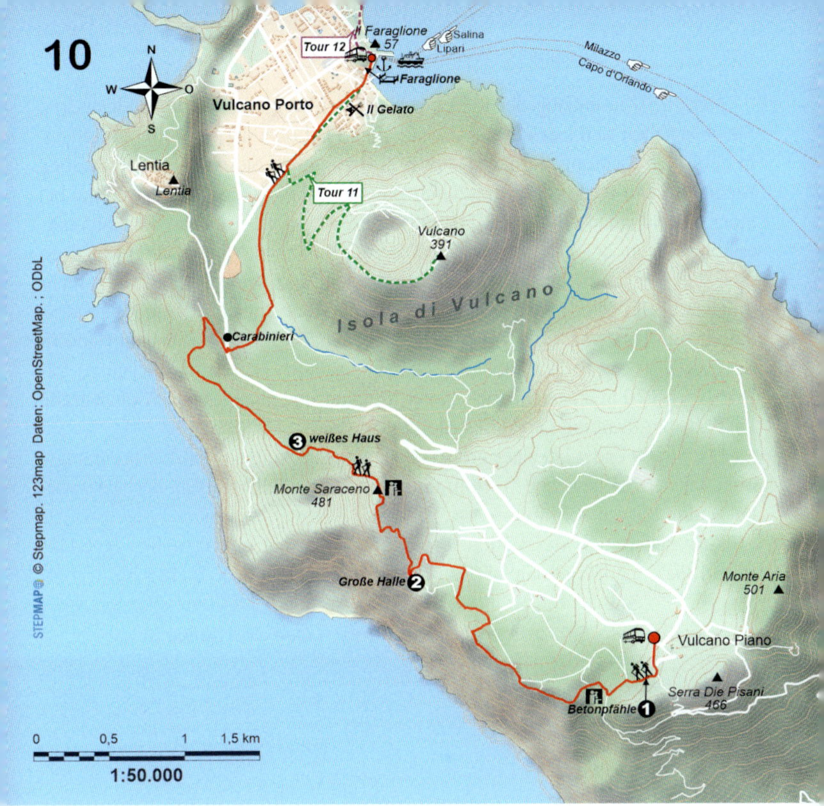

10
N
W
O
S
Tour 12
Faraglione
57
Salina
Lipari
Milazzo
Capo d'Orlando
Faraglione
Vulcano Porto
Il Gelato
Lentia
Lentia
Tour 11
Vulcano
391
Isola di Vulcano
Carabinieri
STEPMAP © Stepmap. 123map Daten: OpenStreetMap ; ODbL
weißes Haus
Monte Saraceno
481
Große Halle
Monte Aria
501
Vulcano Piano
Serra Die Pisani
466
Betonpfähle
0
0,5
1
1,5 km
1:50.000


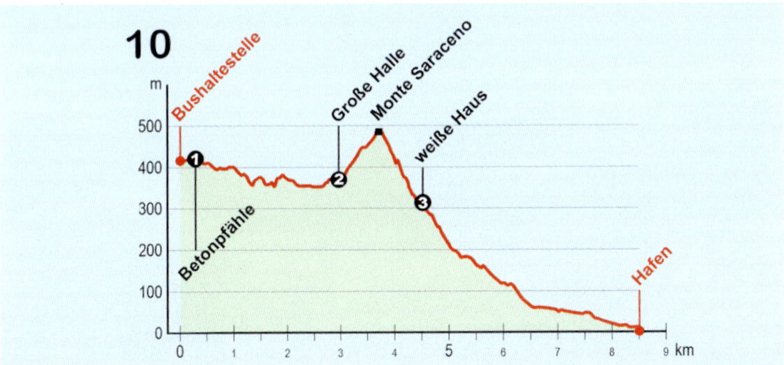

10
Bushaltestelle
Große Halle
Monte Saraceno
weiße Haus
Betonpfähle
Hafen
m
500
400
300
200
100
0
0
1
2
3
4
5
6
7
8
9
km

Nach 250 m entlang der Kliffkante biegt der Weg nach rechts landeinwärts, Sie aber halten sich hier etwas links, um dem Pfad oberhalb vom Kliff zu folgen, in derselben Richtung wie zuvor. Nach 200 m stoßen Sie nach kurzem Abstieg wieder auf den Weg, folgen ihm durch ein Gatter und halten sich kurz darauf bei einer Gabelung links. Nach 300 m entlang der Kliffkante erreichen Sie einen mittelhohen Zaun, der sich ganz links, vor der Kliffkante, mit einem Gatter umgehen lässt (km 1,8, ⇧ 365 m). Danach ist an der Kliffkante kein Weiterkommen mehr möglich. Sie folgen deshalb dem Pfad rechts am Zaun entlang 150 m ins Landesinnere zum Forstweg. Dort gehen Sie links, um nach 300 m vor einigen Häusern dem Zufahrtsweg nach rechts zwischen eingezäunten Hausgrundstücken zu folgen. Nach 170 m biegen Sie bei einer T-Kreuzung mit einer kleinen Asphaltstraße links ab – in Richtung Gipfel des Monte Saraceno.

Die Straße endet bei einer großen Halle mit einem alten (Müll-)Verbrennungsofen dahinter ❷ (km 3, ⇧ 370 m). Sie folgen dem Weg rechts an der Halle vorbei und in Kurven aufwärts.

Kurz nach einer Messstation erreichen Sie den mit einem weißen (geodätischen) Pfahl markierten Gipfel des Monte Saraceno (km 3,8, ⇧ 485 m).

*Blick vom Monte Saraceno auf Gran Cratere, Lipari und Salina*

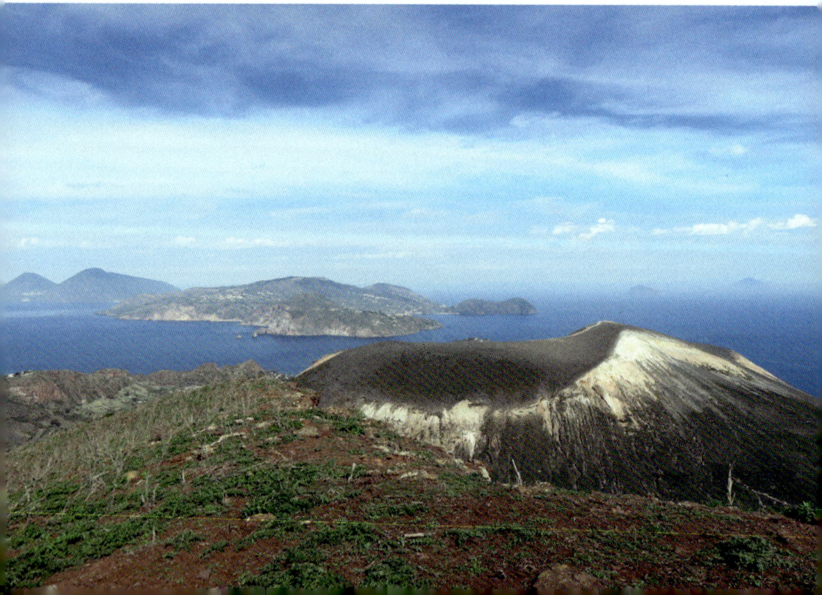

Toller Rundumblick vom zweithöchsten Gipfel Vulcanos, u. a. auf den Gran Cratere, den Süden Liparis, den Ätna und die Hochebene von Vulcano, die Piano Caldera. Diese rund 350 m hohe Hochebene ist ca. 100.000 Jahre alt und wird durch einen Caldera-Graben von dem Gran Cratere getrennt. Der Graben war früher einmal mit Meerwasser gefüllt – wie heute bei Santorin –, bis der jetzige Vulkan (Fossa) vor etwa 15.000 Jahren entstand.

Der Abstieg führt zunächst auf dem Grat weiter geradeaus – zwischen Disteln auf den Gran Cratere zu. Nach 60 m schwenken Sie nach links und folgen der sichtbaren Trittspur links abwärts. Sie orientieren sich an dem weißen Haus links unten, wo Sie auf einen größeren Weg treffen.

Nach 10 Min. müssen Sie sich (bei kleinen Büschen) etwas rechts halten, sonst gelangen Sie auf die linke Seite eines Taleinschnittes, der unten durchquert werden müsste. Also rechts halten und weiter auf dem Trittpfad bleiben, der sich gelegentlich verzweigt. Welche Variante Sie dann nehmen, ist egal, Hauptsache Sie steuern das Haus an.

Nach insgesamt etwa 20 Min. Abstieg erreichen Sie das mit einem Zaun eingegrenzte Grundstück des weißen Hauses ❸ (km 4,6, ⇧ 305 m). Vom Haus aus geht es gemütlich auf der Zufahrtsstraße abwärts zur Hauptstraße mit der Carabinieri-Station (km 6,2, ⇧ 115 m).

Sie folgen der Hauptstraße 20 m nach links in Richtung des weißen Hauses (der Carabinieri), um dann rechts über die Steinmauer zu klettern und auf den (weichen!) Vulkansand zu springen. Dank der folgenden Passage können Sie 1 km Hauptstraße meiden. Rechts lädt ein Schatten spendender Baum zur Rast im weichen Vulkansand ein.

Weiter geht es zunächst geradeaus abwärts, und zwar entlang der Vertiefung im Sandboden. Nach 200 m schwenken Sie etwas nach links und gehen vorbei an klein gewachsenen Sträuchern, auf die tiefste Stelle im Tal zu, das den Gran Cratere umgibt – eigentlich ein Caldera-Graben, d. h. der Rest eines älteren, eingestürzten Vulkans. Sie gelangen auf einen Pfad, der 200 m nach dem Linksschwenk auf eine Öffnung bzw. ein Gatter im Zaun zuführt. Nach der Querung des Zauns folgen Sie dem Hauptweg nach links, links um den Gran Cratere herum.

Nach 700 m erreichen Sie den zum Krater führenden Weg (km 7,4, ⇧ 50 m, ☞ Tour 11). Hier halten Sie sich links, um kurz darauf der Hauptstraße geradeaus zum Hafen zu folgen.

# ⑪ Auf den Gran Cratere

*Tour für vulkanisch Interessierte*

*Höhepunkt von Vulcano ist natürlich der Gran Cratere, der Hauptvulkan der Insel. Die Wanderung stellt keine hohen Ansprüche. Oben auf dem Vulkan wurden schon Hobbywanderinnen und Hobbywanderer in Badeschlappen und sonst nur mit Badekleidung sowie natürlich der obligatorischen Sonnenbrille gesichtet. Die besonderen Sicherheitsregeln sollten natürlich trotzdem eingehalten werden (☞ Kasten).*

⇆ Start/Ziel: Vulcano, Porto di Levante, GPS N 38°24,849' E 014°57,599'

6,1 km

2 Std. 30 Min.

↑ ↓ 390 m/390 m; An-/Abstieg am Stück, aber nicht steil

⇧ 2-390 m

selten Wegweiser

breiter Weg über stellenweise verfestigen Vulkansand und Schotter, kurzzeitig auch kleine Straße

Einkehrgelegenheiten am Start/Ziel

keine Rastplätze, aber aussichtsreiche Sitzgelegenheiten auf Steinen und Schotter am Gipfel (km 3,3)

Laden am Start/Ziel, kleiner Kiosk bei km 1,2 (nur Getränke!)

Für Kinder ist es eine erlebnisreiche und nicht zu lange Tour. Weisen Sie Ihre Kinder darauf hin, dass das Hinunterlaufen in den Krater streng verboten ist!

Für Buggys ist die Tour mäßig geeignet: Der Weg führt ohne Stufen in Serpentinen aufwärts, ist teilweise aber recht sandig.

Hunde können angeleint mit.

## Besondere Hinweise zur Vulkanbesteigung:

Nach zweijähriger Sperrung infolge erhöhter Fumarolen-Aktivität ist der Zugang zum Krater wieder möglich: Am 24.4.2023 wurde nach Investitionen von € 40.000 ein neuer Pfad eröffnet. Nach dem Wegfall der Hauptattraktion der Insel waren dort die Besucherzahlen um 30 % eingebrochen.

Allerdings gelten für den Aufstieg strenge Bestimmungen; eine Ampel zeigt an, ob man gehen kann (grün). Außerdem sind die Aufstiege nur zu bestimmten (wenig wanderfreundlichen) Zeiten möglich, im Sommerhalbjahr ist dadurch das Zeitfenster sehr eingeengt:

- im Sommerhalbjahr (1.4.-20.10.) 6:30-10:30 und 16:00-19:30
- im Winterhalbjahr (21.10.-31.3.) 7:30-16:30

Immer wieder im Gespräch ist eine (Wieder-)Einführung von Gebühren für den Vulkanaufstieg (zuletzt 2014 mit € 3 p. P.).

Bleiben Sie auf jeden Fall auf dem vorgegebenen Weg und steigen Sie auf keinen Fall in den Krater ab, in dem die Konzentrationen giftiger Gase (um das bis zu vierfache) höher sind als am Kraterrand.

Vom Hafen folgen Sie der Hauptstraße landeinwärts auf den deutlich sichtbaren Krater zu, links vorbei am Fahrkartenschalter von Liberty Lines. 200 m nach dem Hafen lockt auf der linken Seite (auch beim Rückweg) eine Eisdiele.

Il Gelato Di Antonio, Via Provinciale, ☏ 090/985 24 96, April bis Anfang November täglich. Das Eis hat eine natürlichere Farbe als die giftgrünen Stühle draußen. Neben den üblichen Sorten gibt es Exoten bzw. Lokales wie Ingwer-Birne oder Brombeere von Vulcano.

*Der Gran Cratere auf Vulcano*

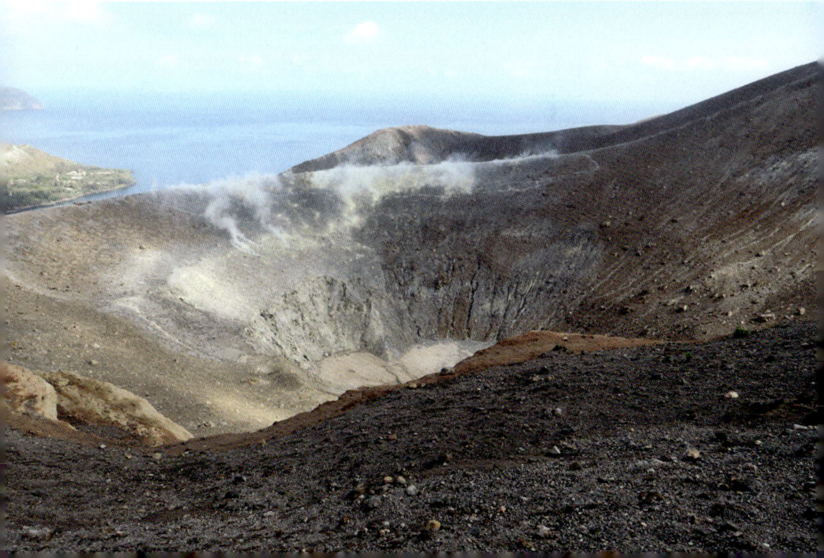

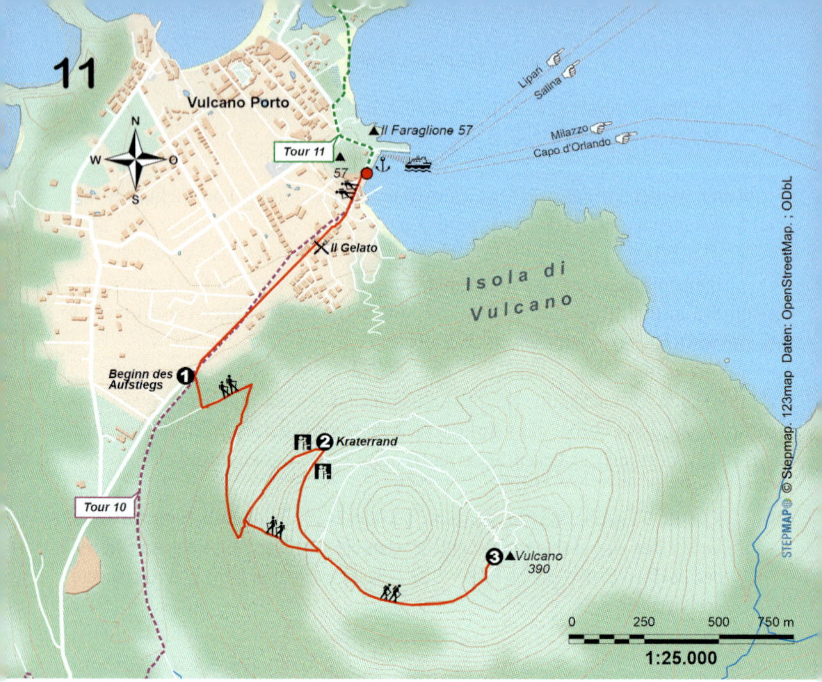


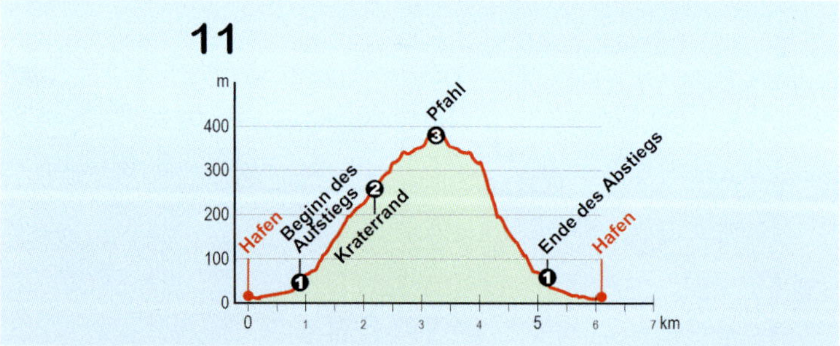


An eher schmucklosen Häusern vorbei verlassen Sie den Ort. Nach 700 m geht es nach vier Zypressen und einem eingezäunten Grundstück mit Booten dahinter links aufwärts auf einem Weg über Vulkansand Richtung Krater ❶ (mehrsprachige Hinweisschilder). Nach 100 m erreichen Sie den offiziellen Weg und folgen ihm links aufwärts, nach 150 m durch eine scharfe Rechtskurve (km 1,2, ⇧ 65 m).

Sie folgen dem gemächlich ansteigenden Weg durch Vulkansand in Kurven aufwärts, bis Sie nach 30 Min., kurz nachdem der Weg durch ausgewaschenes rotes Gestein etwas steiler aufwärtsführt, ein kleines Plateau erreichen (km 2,2, ⇧ 250 m). An dem kleinen Plateau ❷ gehen Sie rechts aufwärts und folgen dem äußeren Kraterrand, der allmählich ansteigt und zu beiden Seiten tolle Blicke ermöglicht. Nach 20 Min. erreichen Sie am Ostrand des Kraterrandes seinen höchsten Punkt, der mit einem Pfahl markiert ist ❸ (km 3,4, ⇧ 390 m).

toller Blick hinab in den Krater, auf den Caldera-Graben und die Hochebene

## Strafgefangene als Vulkanwarner

Der Krater auf Vulcano zählt zu den sogenannten „schlafenden" Vulkanen, die jederzeit wieder (explosiv) ausbrechen können – wie auch der Vesuv. Zuletzt passierte das 1890 – mit einer 4 km hohen Eruptionswolke. Dabei wurden nussgroße Lapilli 7 km weit bis nach Lipari geschleudert. Angeblich sollen Strafgefangene, seinerzeit für eine schottische Firma (James Stevenson) beim Schwefel- und Alaunabbau eingesetzt, auf Vorzeichen hingewiesen haben, z. B. die enorme Hitze. Aber diese Bedenken wurden als Arbeitsverweigerung abgetan und die Warnungen in den Wind geschlagen.

Der etwa 80 m tiefe Krater hat einen Durchmesser von 140 m an der Basis und 500 m am Kraterrand. Die Gase der Fumarolen entstammen den in etwa 4 km Tiefe liegenden Magmakammern und enthalten u. a. (mengenmäßig in der angegebenen Reihenfolge) Wasser(dampf), Schwefelwasserstoff, Schwefeldioxid, Salzsäure und Fluorwasserstoff.

Der Abstieg führt zunächst am Kraterrand entlang, 700 m nach dem Gipfel links abwärts und weiter unten in Serpentinen auf demselben Weg zurück wie hin.

Nach dem staubigen Abstieg folgen Sie der Straße (km 5,3, ⇧ 45 m) rechts zum Hafen.

# ⑫ Zum Valle dei Mostri auf Vulcanello

*Tour für geologisch Interessierte*

*Diese sehr kurze Wanderung auf den jüngsten Teil von Vulcano ist eher ein Spaziergang, der sich bequem an die beiden zuvor beschriebenen Wanderungen anhängen lässt. Ziel sind markante Lavaformationen, die an Monster (mostri) erinnern. Besonders eindrucksvoll sind diese im Frühjahr, wenn die Mittagsblumen blühen. Der großteils asphaltierte Weg über die Halbinsel mit ihren vielen Privatanwesen und Eukalyptusbäumen ist hier weniger das Ziel. Umso beeindruckender ist der fotogene Aussichts- bzw. Wendepunkt an der an der Spitze der Halbinsel gelegenen Küste.*

- Start/Ziel: Fähranleger beim Porto di Levante, GPS N 38°24,916' E 014°57,641'
- 4,4 km
- 1 Std. 15 Min.
- 130 m/130 m; An-/Abstieg überwiegend am Stück
- 1-105 m
- selten Wegweiser
- überwiegend kleine asphaltierte Straße mit sehr wenig Verkehr, kurzzeitig auch Strand und Vulkansand
- Einkehrgelegenheiten am Start/Ziel
- keine Rastplätze
- zwei Strände zu Beginn bzw. am Ende
- Für Kinder ist die Tour wegen der Lavaformationen, der Strände und der kurzen Strecke ganz schön.
- Buggys können bis zu den Lavaformationen gut mitgenommen werden.
- Hunde können mit, sollten aber an die Leine genommen werden, da es über Strand und Straße geht.

Zum Beginn dieser Tour orientieren Sie sich am Schwefelgestank, gehen also immer der Nase nach, denn zu Beginn passieren Sie das (derzeit geschlossene) schweflige Schlammbad. Vom Anleger der Schiffe geht es geradeaus dem Geruch (Gestank) folgend auf der Straße an den gelblichen Felsen entlang, den Fähranleger im Rücken. Nach 100 m passieren Sie zur Rechten das Schlammbad ❶. Hinter der Steinmauer rekelten sich früher in knietiefem und 35 bis 50 °C warmem Wasser schlammbedeckte Gestalten, ehe das Bad im Jahr 2020 infolge illegaler

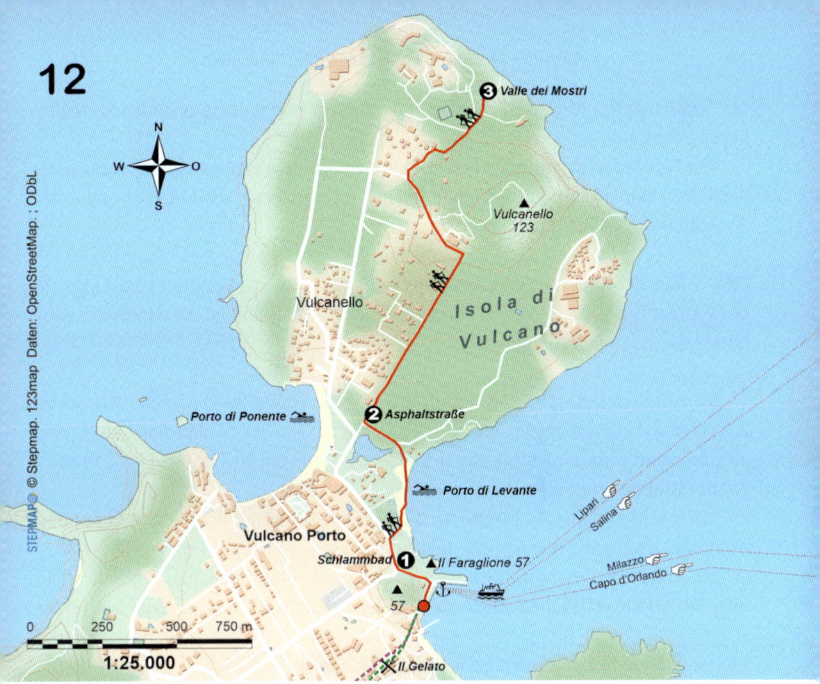


Bautätigkeiten geschlossen wurde. Das juristische Nachspiel läuft noch, nach einer Neueröffnung sieht es derzeit nicht aus. Dem etwa 32 °C warmen schwefelhaltigen Schlamm wurden wie bei Fangopackungen gesundheitsfördernde Wirkungen nachgesagt.

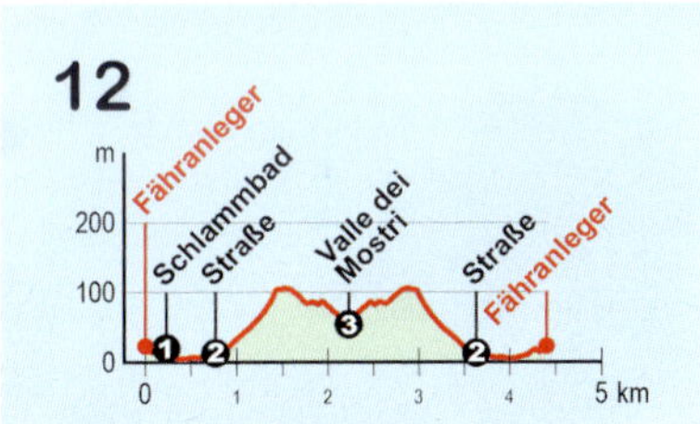


Hinter dem Schlammbad gehen Sie auf den Strand und folgen diesem bis zum hinteren (nördlichen) Ende. Links liegt das sogenannte „tote Feld" mit rund 100 °C heißen Fumarolen.

Der Strand am Porto di Levante ist von den zwei Stränden auf Vulcano der kleinere. Bedingt durch die Nähe zum Hafen ist er in der Regel stärker besucht und stärker verschmutzt als der andere Strand 200 m weiter westlich. Hauptattraktionen dieses Strandes sind „heiße Quellen" am Meeresboden, wo heiße Gase aus Spalten in das Meerwasser strömen und dabei warme Strudel bilden als natürlicher Whirlpool!

Am Nordende des Strands (km 0,7) folgen Sie dem asphaltierten Zufahrtsweg nach links landeinwärts, durch einen Eukalyptushain. Nach 200 m geht es auf der Asphaltstraße ❷ nach rechts.

Auf der anderen Seite liegt hinter Dünen der zweite Strand Vulcanos, in der großen Bucht von Porto di Ponente. Dieser ist feinsandiger und meistens sauberer, auf jeden Fall ruhiger.

Sie wandern auf der Straße nordwärts auf die Halbinsel Vulcanello, vorbei an umzäunten Ferienanwesen. Nach 500 m folgen Sie der Straße links kurzzeitig aufwärts und links um den kleinen Vulkan von Vulcanello herum. Links abzweigende Straßen ignorieren Sie.

Nach 500 m endet die Straße nach einer Linkskurve mit drei Kiefern (links) und nach links zweigen Zufahrtswege (mit Schlagbäumen) in eine Feriensiedlung ab.

Sie folgen dem Schotterweg rechts, d. h. dem ursprünglichen Straßenverlauf folgend geradeaus (Schild „Valle dei Mostri"). Nach 50 m ignorieren Sie rechts

*Monsterförmige Lavaformationen auf Vulcanello*

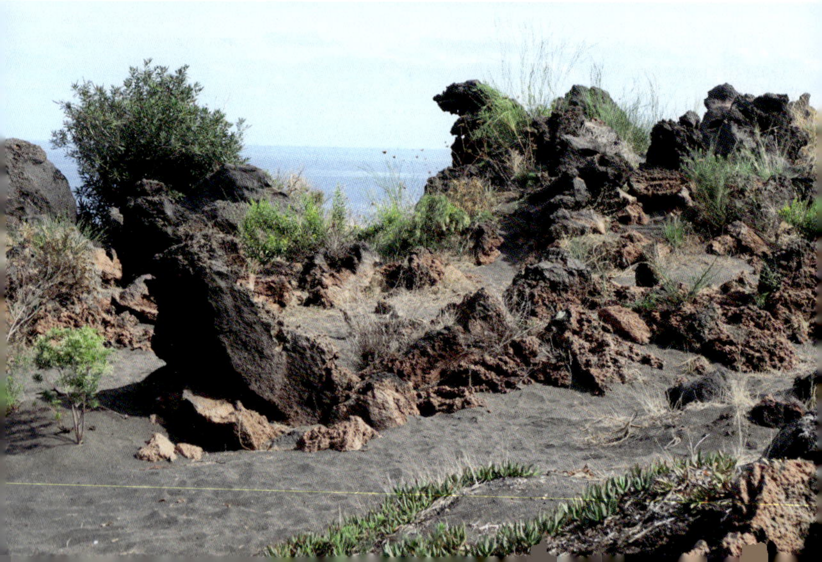

die Privateinfahrt und folgen dem Fußweg über Vulkansand, der Sie nach 50 m zu einem kleinen Tal mit markanten Lavaformationen führt ❸ (km 2,3, ⇧ 40 m).

schöner Blick hinüber auf die Südküste von Lipari

## Monster auf jungem Vulkan

Vulcanello ist der jüngste Spross der Liparischen Inseln. Erst zu Zeiten der Römer, im Jahr 183 v. Chr., bildete sich diese zu Vulcano gehörende, bis zu 123 m hohe Halbinsel aus einem untermeerischen Vulkan. Von dem jungen Vulkanismus zeugen bizarre Lavaformationen an der Nordküste, die mit etwas Fantasie für Monster gehalten werden können – daher der Name „Tal der Monster" (*Valle dei Mostri*). Entstanden sind diese Lavaformationen als die untere (noch heiße und fließende) Lavaschicht die abgekühlte obere Schicht durchbrach und sie stellenweise hochkant stellte.

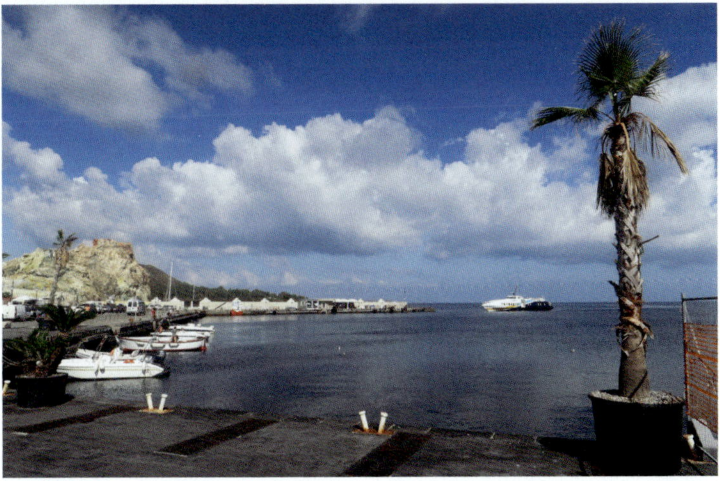

*Porto di Levante*

Zurück geht es auf demselben Weg zum Hafen von Vulcano. Dabei können Sie entweder der Straße die ganze Zeit folgen oder wie auf dem Hinweg am Strand von Porto di Levante entlanggehen.

# Salina

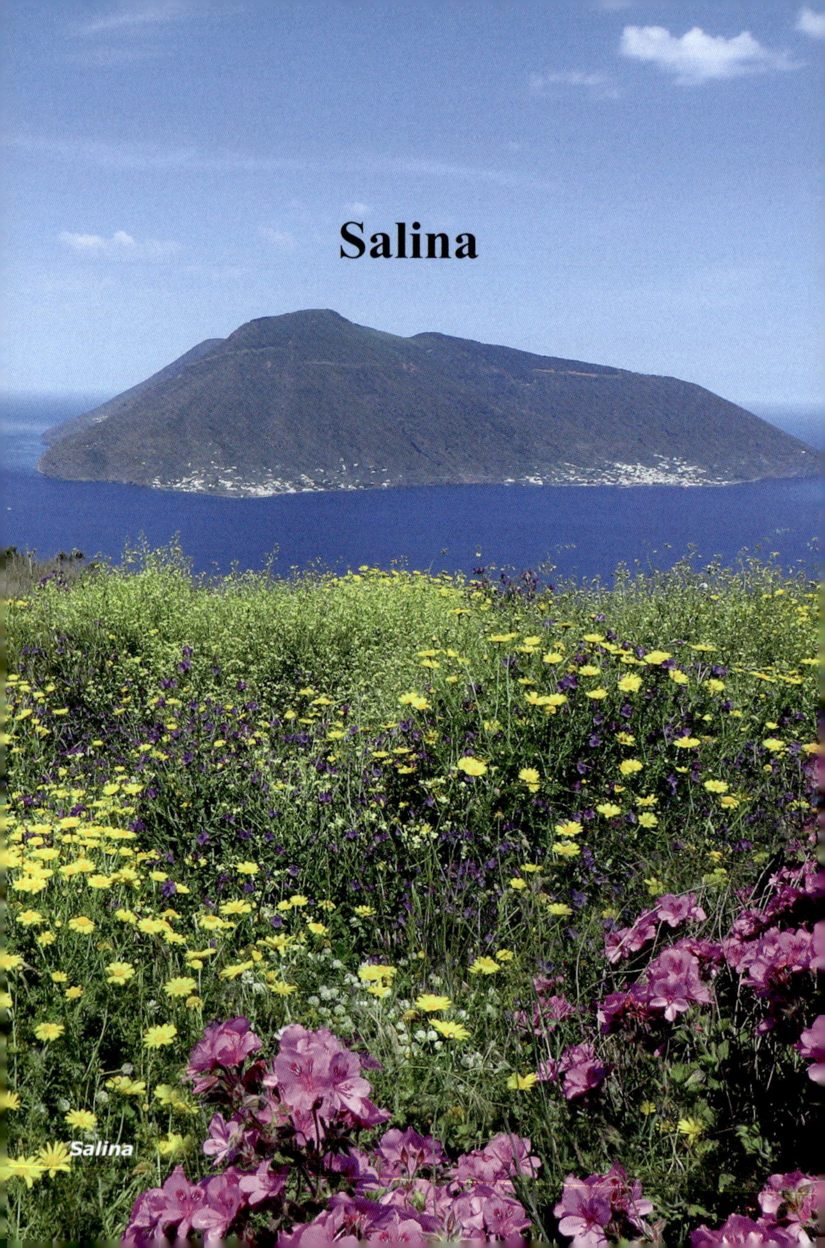

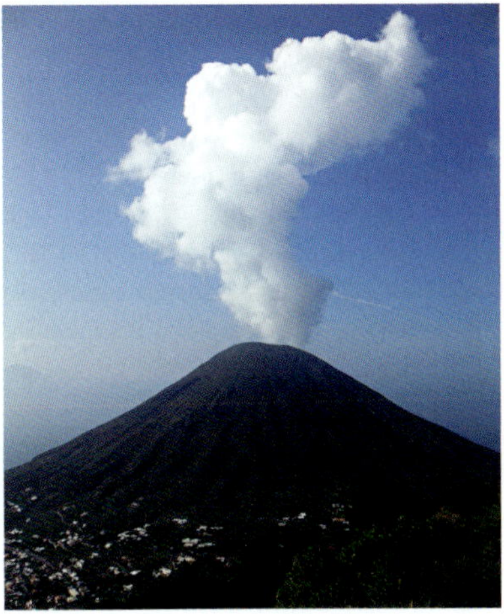

Der Monte dei Porri

Salina gilt als grünste Insel des Archipels: wegen ihrer vielen Wälder an den Hängen der zwei rund 900 m hohen Berge, die das Bild der Insel prägen und ihr bei den alten Griechen den Namen „Didyme" (Zwillingsinsel) eintrugen. Der höchste Berg, der Vulkan Monte Fossa, ist 230.000 Jahre alt und war zuletzt vor 66.000 Jahren aktiv. Der kegelförmige Monte dei Porri ist jünger: 100.000 Jahre alt und zuletzt vor 13.000 Jahren aktiv.

Drei Gemeinden verteilen sich über die Insel mit ihren gerade mal 2.500 Einwohnerinnen und Einwohnern, während alle anderen sechs Liparischen Inseln einer Gemeinde (Lipari) unterstehen. Das zeigt die starke Verbundenheit der Inselbewohnerinnen und Inselbewohner mit ihrem 400.000 Jahre alten Eiland, nach Filicudi die zweitälteste Insel des Archipels. Tourismus gibt es auch, aber mit dem Motto „Qualität statt Quantität", d. h. Ruhe suchende Urlaubsgäste, die mehrere Tage bleiben, statt Tagesgästen. Darunter sind viele Wanderinnen und Wanderer, denen einiges geboten wird: Von allen Liparischen Inseln bietet Salina im Verhältnis das größte und am besten gepflegte und markierte Wanderwegenetz, dessen Wege nummeriert sind.

Drei Viertel der Inselfläche stehen unter Naturschutz.

🛏 Auf Salina gibt es rund 15 überwiegend kleinere Hotels unterschiedlichster Kategorien, die meisten im Hauptort Santa Marina sowie in Malfa, z. B. Mercanti di Mare, Piazza Santa Marina 9, ☎ 090/984 35 36, 📱 32 86 03 61 53, 💻 www.hotelmercantidimare.it, DZ mit F ab € 110, 🚪 durchgehend das ganze Jahr, kleines Dreisternehotel mit 9 Zimmern neben dem Hafen von Santa Marina direkt am Ufer, von der Lage her bestes Hotel im Hauptort: ruhig und doch zentral

**B&B** Privatunterkünfte gibt es in Santa Marina, Malfa, Leni und Lingua:

♦ B&B Eoliano in Malfa, Via Vittorio Emanuele 34, ☎ 090/984 40 25, 📱 33 36 13 95 84, 💻 Buchung bei Portalen, DZ mit F ab etwa € 70, B&B mit 4 Zimmern, nahe San Lorenzo (☞ Tour 14)

Restaurants und Bars gibt es in allen größere Inselorten: Santa Marina, Malfa, Rinella und Lingua.

Lebensmittelläden in Santa Marina, Malfa und Rinella

Apotheken gibt es in diesen drei Orten:

- Santa Marina: Via Risorgimento, ☎ 090/964 30 98
- Malfa: Via Umberto I., ☎ 090/984 41 88
- Leni: Via Liberta 7, ☎ 090/980 90 53

Zwei Orte der Insel werden von öffentlichen Schiffen angelaufen: Santa Marina und Rinella, beide mit vielen Schiffsverbindungen von/nach Lipari. Die Fährüberfahrt dauert etwa 1 Std., das Schnellboot braucht nur die Hälfte der Zeit (Tarif für die einfache Strecke ca. € 8 bis 13).

Da Salina als einzige Insel des Archipels nicht zur Gemeinde Lipari gehört, wird bei einfachen Fahrten (nicht hin und zurück sowie bei Ausflugsbooten) von Rinella nach Lipari eine Einreisesteuer (*tasse di sbarco*) erhoben von € 2,50 p. P. (Hauptsaison € 5). Bei Fahrten nach Salina sowie von Santa Marina di Salina ist diese nach gegenseitiger Absprache der Gemeinden nicht fällig.

- ab Lipari nach Santa Marina: mit der Fähre um 9:15 (Siremar), mit dem Schnellboot z. B. 8:15, 8:30 oder 9:45. Letztere Verbindung sei empfohlen für den Bus ab Santa Marina um 10:20, da die Fähren oft verspätet sind.
- zurück nach Lipari ab Rinella (meistens mit Stopp in Santa Marina): mit dem Schnellboot täglich um 14:30 und 17:25 sowie täglich außer Sa 16:55, mit der Fähre Mo, Mi, Do, Sa um etwa 15:30

Ab Santa Marina gibt es deutlich mehr Abfahrten, außerdem fallen im Gegensatz zu Rinella keine Einreisesteuern nach Lipari (*tasse di sbarco*) in Höhe von € 2,50 p. P. an (Sommermonate € 5)!

Bei sehr starkem Südwind kann Rinella nicht angelaufen werden, bei starkem Südostwind Santa Marina nicht. Dann ist eine gewisse Flexibilität erforderlich (notfalls Bus- oder Taxitransfer auf Salina).

Eine Buslinie verbindet alle Orte der Insel: Citis, ☎ 090/984 41 50 (vormittags), www.trasportisalina.it. In Santa Marina sowie Rinella hält der Bus direkt am Hafen. Abfahrtszeiten: morgens z. B. von Santa Marina nach Malfa bzw. Pollara täglich um 10:20, von Rinella nach Santa Marina nachmittags täglich 14:35, 16:30 und 17:40

mehrere kleine Anbieter, etwa Antonello Maratona, ☎ 090/984 34 81, 33 95 06 77 44, a.maratona@alice.it; Taxi Di Daniela, 33 34 62 82 15; Bongiorno, ☎ 090/984 34 09, 33 83 79 12 09

keine bedeutenden Strände, lediglich kleine, u. a. in Rinella am Hafen sowie bei Malfa

# ⓭ Von Santa Marina auf den Monte Fossa

*Tour für Gipfelstürmerinnen und Gipfelstürmer*

*Das gute Wanderwegenetz auf Salina zeigt sich in der Zahl der Routen auf den Monte Fossa delle Felci, der mit 962 m nicht nur der höchste Berg Salinas, sondern der ganzen Liparischen Inseln ist: Von fünf Orten führen Wege auf den Gipfel, darunter ein größerer Forstweg. Diese Tour bietet sich vor allem für Wanderinnen und Wanderer an, die Salina für einen Tag besuchen, weil man keine Transfers auf Salina benötigt und direkt von Hafen zu Hafen wandert. Vom halb bewaldeten Gipfel ist die Aussicht nur Richtung Norden und Westen überzeugend, aber etwas unterhalb davon gibt es einen schönen Aussichts- und Rastplatz mit Blick auf Lipari und Sizilien.*

- ➔ Start: Santa Marina, Hafen, GPS N 38°33,472' E 014°52,311'; Ziel: Rinella, Hafen, GPS N 38°32,840' E 014°49,718'
- 10,5 km
- 5 Std.
- ↑↓ 980 m/980 m; An-/Abstieg am Stück
- ⇧ 2-965 m
- gelegentlich Holzschilder, beim Aufstieg Sentiero 4, beim Abstieg Sentiero 11
- großteils beschattete Bergpfade und Wege, am Anfang und Ende Gassen und kleine Straßen mit sehr wenig Verkehr
- Einkehrgelegenheiten am Start und Ziel
- Rastplätze kurz vor und am Gipfel (km 4,8 bzw. km 5)
- Läden am Start in Santa Marina sowie ein Laden am Ziel in Rinella
- Strand am Hafen von Rinella am Ziel
- Für Kinder ist die Tour machbar, aber recht anstrengend. Schöne Aussichten und eine kleine Klettereinlage am Gipfel sorgen für Abwechslung.
- Für Buggys ist die Wanderung wegen der starken Steigung ungeeignet.
- Hunde können mit, müssen aber aus Naturschutzgründen an die Leine genommen werden.

Vom Hafen in Santa Marina orientieren Sie sich zur Fassade der auffälligen Kirche. Sie gehen links an der Kirche vorbei leicht aufwärts und biegen nach 40 m rechts in die schmale Haupteinkaufsstraße Via Risorgimento ab. Nach 400 m folgen Sie hinter dem Lebensmittelladen Carpe Diem und der Kirche der Gasse links aufwärts. Bei der ersten Kreuzung, nach 250 m, biegen Sie rechts ab (Schild „M. Fossa") und folgen der Straße 200 m bis vor eine Brücke (km 1,1, ⇧ 70 m). Hier biegen Sie links ab in den schmalen Fahrweg Castagno ❶ (Holzschild „Monte Fossa"), der leicht aufwärts durch ein schmales Tal führt, das Vallone del Castagno. Zu Beginn informiert auf der linken Seite ein ganzer Schilderwald über Verbote in dem Naturschutzgebiet, das sich über 75 % der Fläche Salinas erstreckt.

Eines der vielen Schilder weist Sie (bildlich) an, Kängurus an der Leine zu führen (das Gleiche gilt für Hunde!) – inselfremde Tierarten dürfen hier nicht ausgesetzt werden.

Sie folgen dem Weg durch den Talgrund (Sentiero 4) und ignorieren Abzweigungen. Nach 700 m verengt sich der Weg zu einem verwachsenen Pfad vor einem rot-weißen Absperrgitter (km 1,9, ⇧ 170 m). Davor führt scharf links ein Weg mit hohen steilen Stufen aufwärts: Dort gehen Sie entlang, hinauf auf eine östliche Seitenflanke vom Monte Fossa. Die Stufen und teilweise das Geländer wurden vor einigen Jahren angelegt, sind aber infolge von Verwitterung und Auswaschung nicht mehr in bestem Zustand.

Nach etwa 25 Min. Aufstieg und 5 Min. nach dem Naturreservatsschild „Zona A Riserva" erreichen Sie bei einem Holzgeländer eine Gabelung ❷ (km 2,7, ⇧ 365 m). Beide Varianten führen auf den Gipfel. Die linke ist deutlich steiler und führt fast in direkter Linie im Wald hinauf. Angenehmer zu gehen und daher hier beschrieben ist die rechte Variante (Sentiero 4), die zunächst ein kurzes Stück neben einem Holzgeländer in das Tal hinabführt. Nach der Querung geht es auf kurvenreichem Weg mit anfangs hohen Stufen im Halbschatten aufwärts. Im Frühjahr blüht hier die Orchidee Violetter Dingel.

Nach etwa 1 Std. 15 Min. Anstieg stoßen Sie am Kamm auf einen Forstweg ❸ (km 4,4, ⇧ 800 m) und folgen ihm links durch eine Rechtskurve (Sentiero 4). Gleich danach geht es links aufwärts auf kleinerem Weg auf dem Kamm weiter. Die Fläche ist als Brandschneise von Bäumen frei gehalten und wird von Farn (ital. *felce*) und zunehmend anderen Pflanzen überwuchert. Nach 200 m queren Sie den Forstweg und folgen geradeaus dem etwas versteckt weiter aufwärtsführenden Pfad. Nach weiteren 200 m (km 4,8, ⇧ 880 m) queren Sie den Forstweg erneut und folgen dem kleinen Pfad aufwärts zum Gipfel (km 5,1, ⇧ 965 m). Oben erwartet Sie ein Steinhaufen mit Gipfelkreuz und Tisch. Aussicht haben Sie nur Richtung Norden und Westen auf den Monte dei Porri, Filicudi und Alicudi, weil Bäume und der Kraterrand das Panorama versperren. Den aussichtsreichsten

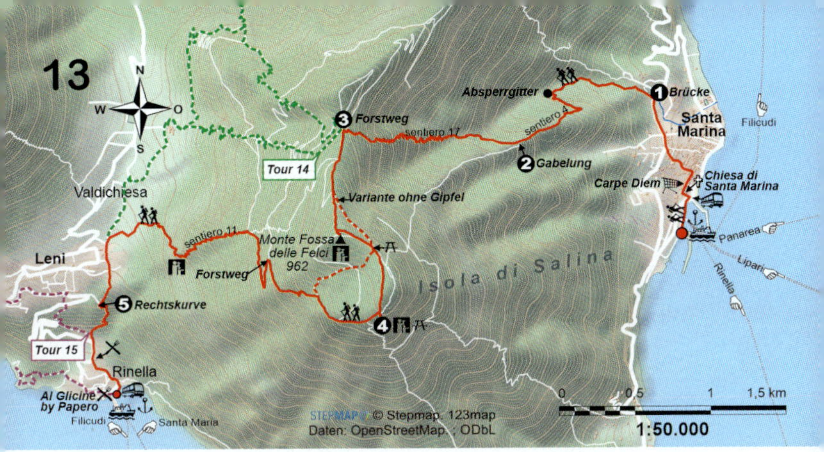


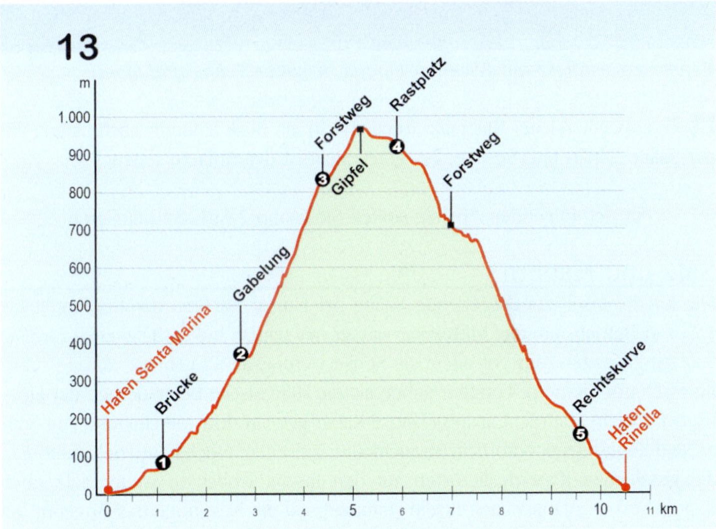


Rastplatz erreichen Sie nach 10 Min. beim Abstieg. Dazu geht es vom Gipfel zunächst links hinunter zu einem Rastplatz unter Bäumen (km 5,5, 920 m) und weiter auf dem Forstweg geradeaus – entlang dem alten bewaldeten Kraterrand. Nach 400 m macht der Weg eine Rechtskurve; hier bietet sich links eine tolle Aussicht ❹.

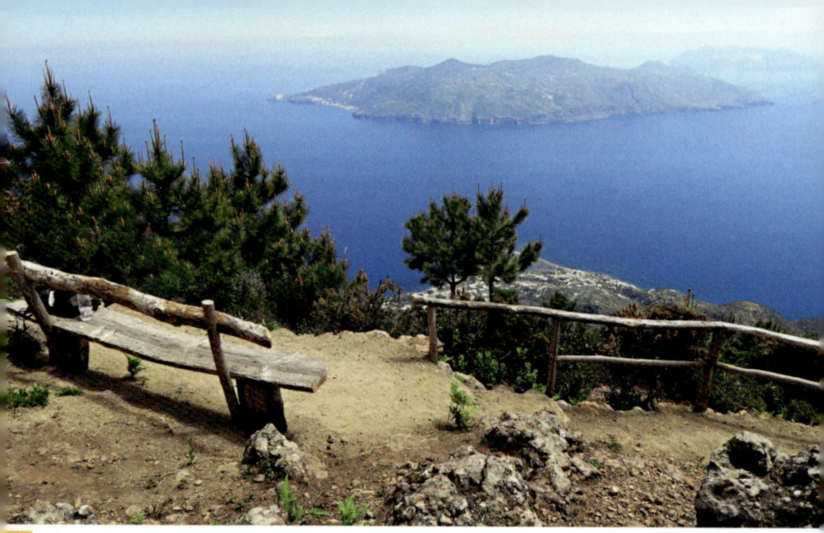

*Panoramarastplatz mit Blick auf Lingua mit alter Saline und Lipari*

aussichtsreicher Rastplatz (ohne Tisch) mit Blick hinunter nach Lingua mit der Saline, Lipari und Sizilien. Bei guter Sicht ist der Ätna zu sehen.

Für den folgenden Abstieg sollten Sie knapp 2 Std. einkalkulieren!

## Salz und Kapern

Die für die Insel namensgebende Saline bei Lingua war von der Römerzeit bis 1953 in Betrieb, um aus Mittelmeerwasser mit seinem hohen Salzgehalt (3,8 %) Salz zu gewinnen, das vor allem als Konservierungsmittel genutzt wurde – etwa für Fisch oder Kapern. Letztere gelten als *die* kulinarische Besonderheit der Liparischen Inseln. Die recht anspruchslose Kaper gedeiht dort wie Unkraut. Auf Salina sind Kapern mancherorts in Strauchkultur zu sehen. Noch heute bekommt man die gesalzenen Kapern allerorten auf den Inseln, wobei oft weder Salz noch Kapern von den Liparischen Inseln stammen, wo die Nachfrage das Angebot bei Weitem übersteigt. Einige der auf den Liparischen Inseln angebotenen Kapern stammen etwa aus Nordafrika.

Kapern werden auf den Inseln zu allem und jedem serviert (alle Gerichte, die mit … *eoliana* enden) und nicht wie in der deutschen Küche überwiegend bei Königsberger Klopsen. Übrigens: Die Kaper ist keine Frucht, sondern die Knospe einer ansonsten farbenfroh blühenden Pflanze. Die bohnenförmige Frucht, der sogenannte Kapernapfel (*cucunci*), ist auch essbar, und zwar in Öl oder Essig eingelegt zu Salat oder als Zugabe zu Bier bzw. zum Aperitif.

Nach der Rechtskurve mit dem Rastplatz folgen Sie dem breiten Weg am Waldrand westwärts auf die Insel Filicudi zu, mit freier Fläche und Ausblick nach links. Nach 200 m führt der Weg kurzzeitig steil abwärts und mündet kurz danach etwas links in einen kleinen Pfad (km 6,5, ⇧ 830 m), der Sie durch Buschwerk abwärtsführt – mit schönen Blicken auf Rinella.

Nach 15 Min. (km 7, ⇧ 700 m) erreichen Sie einen Forstweg und wandern auf diesem etwa 600 m links abwärts. In einer Rechtskurve (km 7,6, ⇧ 635 m) folgen Sie dem links abzweigenden Stufenweg Richtung Leni (Sentiero 11), der kurvenreich durch Eukalyptuswald abwärtsführt, wieder mit schönen Blicken auf den Zielort Rinella.

Die Zivilisation empfängt Sie mit den ersten verstreut liegenden Häusern der Ortschaft Valdichiesa (km 8,8, ⇧ 260 m). Sie folgen der betonierten Straße geradeaus abwärts. Sie mündet nach 300 m in eine Art (betonierten) Hohlweg ein, auf dem Sie geradeaus leicht abwärts gehen. Nach 100 m queren Sie einen kleinen Dorfplatz und folgen weiter der betonierten Straße geradeaus abwärts, auf das Meer zu.

Knapp 300 m nach dem Dorfplatz macht die Straße bei einer Wasserstelle zur Linken eine Rechtskurve ❺ (km 9,6, ⇧ 180 m). In der Kurve nehmen Sie den links hinunterführenden, kopfsteingepflasterten Treppenweg, der anfangs wie ein Privatzugang zu dem Haus aussieht.

Der Treppenweg führt Sie in 10 Min. hinunter zur Straße bei Rinella, der Sie geradeaus folgen. Nach 100 m nehmen Sie nach einer ✕ Pizzeria zur Linken links die schmale Gasse (Einbahnstraße und Schild „Hotel Principe di Rinella") und folgen dieser abwärts hinunter zum Hafen, ohne Abzweigungen zu beachten.

Al Glicine by Papero, Via Rotabile 16, ☏ 090/980 91 61, 📱 33 84 48 26 91, April bis Oktober täglich tagsüber, Bar oberhalb vom Hafen mit großem Sortiment an herzhaften und süßen Snacks, darunter sehr guter Granita, u. a. Sorte Maulbeer (*granita di gelsi*) – in der Saison

Alimentari taranto, Via S Gaetano 69, am kleinen Platz oberhalb vom Hafen, Mo-Sa 7:00-20:30

Verkaufsschalter für Schiffstickets im Gebäude am Hafen. Außerdem halten hier die Linienbusse Richtung Malfa bzw. Santa Marina di Salina.

# ⑭ Von Malfa über Monte Fossa und Madonna del Terzito nach Rinella

*Tour für Gipfelstürmerinnen und Gipfelstürmer*

*Diese Wanderung führt wie Tour 13 auf den höchsten Berg der Liparischen Inseln. Sie ist aber weniger anstrengend, weil der Startpunkt 120 m über dem Meeresspiegel liegt. Auf dem Rückweg passieren Sie die Wallfahrtskirche Madonna del Terzito. Eine Abkürzung ist möglich, ohne Gipfel, aber mit Wallfahrtskirche.*

- ➔ Start: Malfa, Bushaltestelle „San Lorenzo", GPS N 38°34,550' E 014°50,111', oder Malfa-Banca (falls der Bus zuvor eine Runde durch Malfa fährt);
  Ziel: Rinella, Hafen, GPS N 38°32,840' E 014°49,718'
- 9,4 km (Abkürzung ohne Gipfel 7,5 km)
- 4 Std. 30 Min. (ohne Gipfel 2 Std. 30 Min.)
- ↑ ↓ 850 m/970 m (ohne Monta Fossa 330 m/450 m); An-/Abstieg überwiegend am Stück
- ⇧ 2-962 m
- gelegentlich Holzwegweiser
- großteils beschattete Bergpfade und Wege, am Anfang und Ende Gassen und kleine Straßen mit sehr wenig Verkehr
- Rastplätze/Sitzbänke vor und am Gipfel (km 3,6 bzw. km 3,9)
- Einkehrgelegenheiten am Start und am Ziel
- kleiner Lebensmittelladen am Ziel
- Strand am Hafen von Rinella am Ziel
- für Kinder machbar, aber recht anstrengend
- für Buggys wegen der starken Steigung mit Stufen ungeeignet
- Hunde können mit, müssen aber aus Naturschutzgründen an die Leine genommen werden.
- mit dem Bus von Santa Marina nach Malfa, z. B. täglich 10:20 (Dauer: 15 Min., ca. € 2), Ausstieg bei „Malfa-San Lorenzo" oberhalb vom Ort oder bei „Malfa-Banca" (von dort 100 m in Fahrtrichtung des Busses zu Fuß nach San Lorenzo)

Die Wanderung beginnt bei der Kirche bzw. Bushaltestelle „San Lorenzo" oberhalb von Malfa in 120 m Höhe. Sie folgen der Straße links an der Kirche vorbei aufwärts, nehmen die erste Querstraße rechts, vorbei an einem Eisenwarenladen (*Ferramento*), und nach 50 m die links abzweigende kleine Gasse Via Fontana. Nach 20 m kommen Sie an der unscheinbaren Bibliothek (rechts) vorbei. 150 m

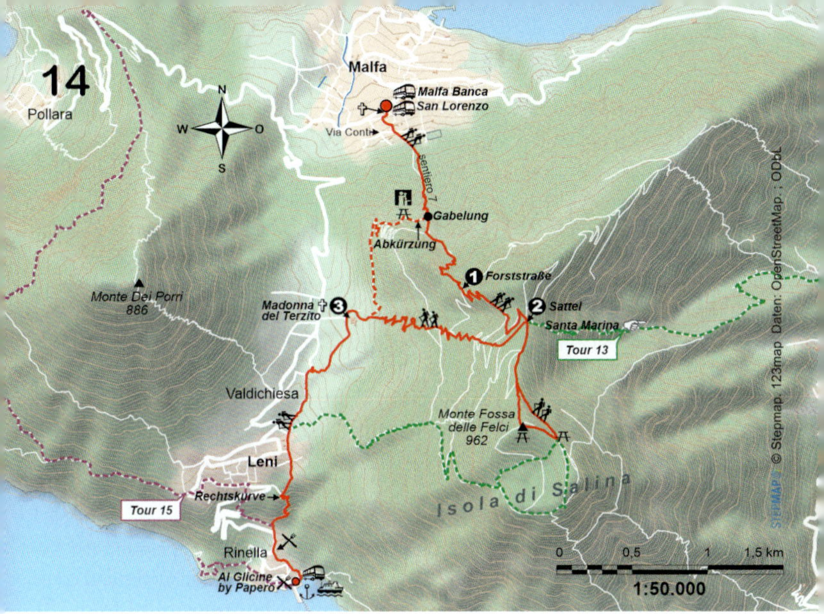

14
Pollara
Malfa
Malfa Banca
San Lorenzo
Via Conti
sentiero 7
Gabelung
Abkürzung
Forststraße
Sattel
Santa Marina
Tour 13
Madonna del Terzito
Monte Dei Porri 886
Valdichiesa
Monte Fossa delle Felci 962
Leni
Rechtskurve
Tour 15
Rinella
Al Glicine by Papero
Isola di Salina
0 0,5 1 1,5 km
1:50.000
© Stepmap, 123map Daten: OpenStreetMap ; ODbL


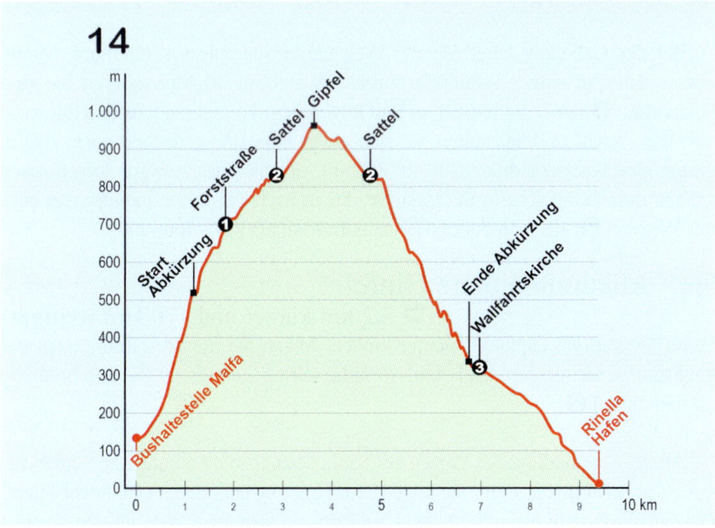

14
m
1.000
900
800
700
600
500
400
300
200
100
0
Start Abkürzung
Forststraße
Sattel
Gipfel
Sattel
Ende Abkürzung
Wallfahrtskirche
Bushaltestelle Malfa
Rinella Hafen
0 1 2 3 4 5 6 7 8 9 10 km

weiter nehmen Sie rechts die Treppenstufen aufwärts, queren die Straße (Via Conti) und folgen dem Betonweg geradeaus zwischen Mauern. Nach 50 m endet der Beton und Sie wandern auf dem grasigen Pfad geradeaus weiter (nach 20 m Holzschild „Monte Rivi"), nach 5 Min. steiler aufwärts.

(Steile) Stufen und Holzgeländer begleiten Sie während der nächsten 45 Min. beim recht schweißtreibenden Anstieg. Es lohnt sich, zwischendurch zu verschnaufen und die rückwärtige Aussicht zu genießen: auf Malfa und im Hintergrund Panarea und Stromboli. Nach etwa 45 Min. erreichen Sie am Ende des Holzgeländers bei einem Naturreservatsschild eine Gabelung (km 1, ⇧ 440 m).

## Abkürzung zur Wallfahrtskirche ohne Monte Fossa (➲ 1,8 km, ⌛ 30 Min. statt 2 Std. und 470 Hm weniger)

Bei der Gabelung nehmen Sie den rechts am Hang entlangführenden Waldweg, kurz auf- dann abwärts zu einem Rastplatz mit phänomenaler Aussicht nach Malfa. Von dort folgen Sie dem Weg geradeaus abwärts Richtung Valdichiesa und erreichen nach 100 m eine Forststraße mit hölzernen Leitplanken, der Sie rechts abwärts folgen. Für etwa 15 Min. geht es in Serpentinen hinunter und dann geradewegs in südlicher Richtung auf die Wallfahrtskirche Madonna del Terzito ❸ zu, die Sie nach insgesamt 1,5 km bzw. rund 30 Min. erreichen.

Bei der Gabelung leitet Sie der Weg geradeaus aufwärts (Richtung Monte Fossa), links an einem Schuppen vorbei. Nach etwa 30 Min. queren Sie eine Forststraße ❶ (km 1,9, ⇧ 680 m) und folgen dem Weg geradeaus durch Kurven aufwärts. Nach 15 Min. halten Sie sich etwas links und erreichen nach 100 m erneut eine Forststraße (km 2,6, ⇧ 780 m), der Sie links aufwärts folgen, nach 100 m durch eine scharfe Rechtskurve. 50 m nach der Kurve mündet von links der Weg ein ❷, der von Santa Marina aufwärtsführt (☞ Tour 13).

## Abkürzung ohne Gipfel (➲ 2,2 km kürzer und 170 Hm weniger)

Wenn Sie auf den Gipfel verzichten wollen, folgen Sie der Forststraße nach der Rechtskurve weiter geradeaus und abwärts. Weiter geht es in der Beschreibung ab dem Sattel ❷.

Ab der Einmündung des Weges aus Santa Marina ist die Route zum Gipfel dieselbe wie bei Tour 13, d. h., Sie folgen dem Forstweg links durch eine Rechtskurve. Gleich danach geht es im Sattel links aufwärts auf kleinerem Weg auf den Kamm.

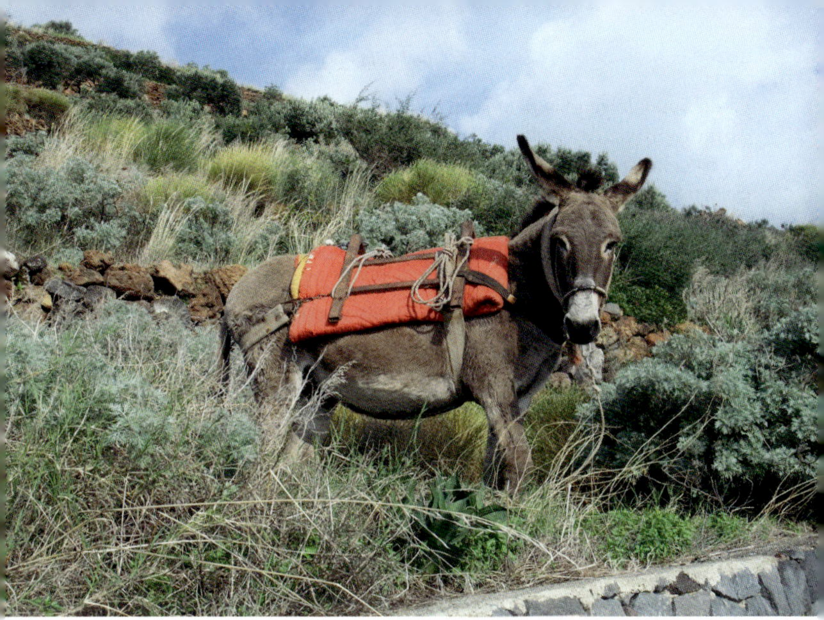

*Maultier am Weg*

Die Fläche ist als Brandschneise von Bäumen frei gehalten und wird von Farn überwuchert. Nach 200 m queren Sie den Forstweg und folgen geradeaus dem etwas versteckt weiter aufwärtsführenden Pfad. Nach weiteren 200 m (km 3,3, ⇧ 880 m) queren Sie den Forstweg erneut und folgen geradeaus dem kleinen Pfad aufwärts Richtung Gipfel, wenn er nicht (mal wieder) im Brombeerdickicht endet (in dem Fall links auf dem Forstweg zum Gipfel).

Über den Bergrücken führt der Pfad nach 300 m aufwärts zum Gipfel, aber ohne Aussicht (km 3,6, ⇧ 920 m).

Oben erwartet Sie ein Steinhaufen mit Gipfelkreuz, ⩫ Tisch und Bänken. Aussicht haben Sie nur Richtung Norden und Westen auf den Monte dei Porri, Filicudi und Alicudi, weil Bäume und der Kraterrand das Panorama versperren.

Vom Gipfel geht es links am Steinhaufen vorbei und dahinter auf dem Pfad zwischen Farn und Brombeersträuchern abwärts (alternativ auf dem Forstweg). Nach 150 m folgen Sie beim ⩫ Rastplatz unter Bäumen dem Forstweg scharf links abwärts, um nach 450 m in einer scharfen Linkskurve wieder rechts den direkt über den Kamm führenden Fußweg zu nehmen – wie beim Hinweg, bis hinunter zum Sattel ❷ (km 4,8, ⇧ 800 m).

Im Sattel folgen Sie dem Forstweg links abwärts, nach kurzer Zeit vorbei an einem Gebäude der Waldarbeiter. Nach etwa 100 m halten Sie sich rechts und folgen dem Wanderweg Richtung Madonna del Terzito abwärts. Er führt in vielen kleinen Schleifen zur Wallfahrtskirche hinunter und schneidet dabei mehrmals den Forstweg.

Nach etwa 1 Std. erreichen Sie die schon vorher von Weitem sichtbare Wallfahrtskirche **Madonna del Terzito ❸** (km 7, ⇧ 320 m), die in dem Sattel zwischen den beiden Bergen Monte Fossa und Monte dei Porri erbaut wurde.

## Madonna del Terzito – Glockenläuten aus dem Wald

Madonna del Terzito gilt als eines der ältesten Marienheiligtümer des Mittelmeerraumes. Zur Zeit der Christenverfolgung soll hier ein Mönch aus dem Orient im Wald Zuflucht gefunden und eine Kapelle erbaut haben. In den Jahrhunderten danach geriet die Kapelle auf der kaum besiedelten Insel Salina in Vergessenheit.

Die Legende erzählt von einer denkwürdigen Begebenheit bei der Wiederbesiedlung im 17. Jh.: Männer sollen bei der Waldrodung am 23.7.1622 eine Glocke drei Mal läuten gehört haben – der Klang kam vom Bildnis der Maria. Daraufhin errichtete man an dieser Stelle eine neue Kirche namens Santuario SS. Madonna del Terzito. An das Glockenläuten wird jährlich am 23.7. beim „Fest der Heiligen" erinnert und bei einer Prozession das Maria-Bildnis mit Goldschmuck durch den Ort getragen.

Die Kirche im Rücken schreiten Sie die Treppe herab und wenden sich gleich danach nach links in die Sackgasse für Fahrzeuge mit max. 2 m Breite. 400 m nach der Kirche Madonna del Terzito (km 7,4) folgen Sie vor einem Haus dem Schotterweg nach rechts. (Die Straße geradeaus ist gesperrt; falls nicht mehr, gehen Sie dort geradeaus!) Nach 100 m folgen Sie beim Spielplatz hinter dem Haus der Auffahrt geradeaus hinunter und nach 70 m der Straße links abwärts. Abzweigungen ignorieren Sie. Die Straße führt nach Leni. Dort queren Sie einen kleinen Dorfplatz (km 8,1, ⇧ 205 m) und folgen der betonierten Straße geradeaus abwärts, auf das Meer zu.

Knapp 300 m nach dem Dorfplatz macht die Straße bei einer Wasserstelle zur Linken eine Rechtskurve (km 8,5, ⇧ 180 m). In dieser Kurve nehmen Sie den links hinunterführenden kopfsteingepflasterten Treppenweg, der anfangs wie ein Privatzugang zu dem Haus aussieht.

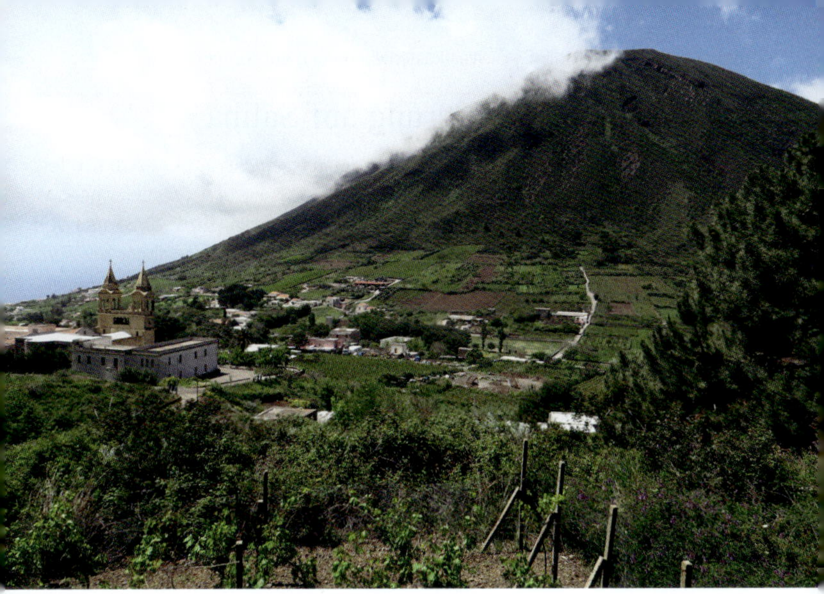

*Madonna del Terzito mit Monte dei Porri*

Der Treppenweg führt in 10 Min. hinunter zur Straße bei Rinella, der Sie geradeaus folgen. Nach 100 m nehmen Sie nach einer Pizzeria zur Linken die schmale Gasse (Einbahnstraße) und folgen dieser abwärts hinunter zum Hafen, ohne Abzweigungen zu beachten. 50 m vor dem Hafen passieren Sie einen kleinen Platz (Piazza Anna Magnani) mit einer Palme.

Al Glicine by Papero, Via Rotabile 16, ☏ 090/980 91 61, 33 84 48 26 91, April bis Oktober täglich tagsüber, Bar mit großem Sortiment an herzhaften und süßen Snacks, darunter sehr guter Granita, u. a. Sorte Maulbeer (*granita di gelsi*) – in der Saison

Alimentari taranto, Via S. Gaetano 69/69, am kleinen Platz oberhalb vom Hafen

Am Hafen befindet sich in einem neueren Gebäude ein Verkaufsschalter für Schiffstickets. Außerdem halten hier die Linienbusse Richtung Malfa bzw. Santa Marina di Salina.

# ⑮ Westküstenwanderung auf Salina

*Tour für Landschaftsgenießerinnen und Landschaftsgenießer*

*Diese Wanderung beginnt oberhalb von dem eingefallenen Explosionskrater von Pollara und führt entlang der unbesiedelten Westküste um den Monte dei Porri herum. Besonders eindrucksvoll ist der Wechsel des Mikroklimas bzw. der Vegetation vor und nach dem höchsten Punkt auf der Westflanke des Monte dei Porri mit dem Pizzo del Corvo: auf der Nordseite Baumheide und Steineichen mit Farnen und Moosen darunter, auf der Südseite trockene Strauchvegetation.*

*Der Abstieg auf steilem und teilweise rutschigem Pfad erfordert Trittsicherheit, Wanderstöcke seien empfohlen!*

- → Start: Bushaltestelle Semaforo oberhalb von Pollara, GPS N 38°34,888' E 014°48,772'; Ziel: Rinella, Hafen, GPS N 38°32,840' E 014°49,718'
- 7,5 km
- 3 Std.
- ↑↓ 415 m/660 m; An-/Abstieg überwiegend am Stück
- ⇧ 2-585 m
- Der Weg ist durchgehend beschildert, anfangs mit der Nr. 8 Richtung Pizzo Corvo/Vallespina, später mit der Nr. 9 Richtung Leni.
- Pfade über Waldböden, Schotter und Felsen, oft mit höheren Stufen; am Ziel kleine Straßen und Gassen
- Einkehrgelegenheiten am Ziel
- keine Rastplätze, aber unterwegs an mehreren Stellen Steine mit guter Aussicht, etwa am Pizzo del Corvo (km 2,4)
- Strand am Hafen von Rinella am Ziel
- für Kinder machbar, aber Abstieg mit hohen Stufen
- für Buggys wegen der starken Steigung bzw. des Abstiegs ungeeignet
- Hunde können mit, müssen aber aus Naturschutzgründen an die Leine genommen werden.
- Mit dem Bus fahren Sie von Santa Marina nach Malfa, z. B. Mo bis Sa 10:20 (Dauer: 25 Min., ca. € 3), und steigen beim Semaforo oberhalb von Pollara aus.

Die Wanderung beginnt beim gepflasterten Aussichtspunkt der Zufahrtsstraße nach Pollara unterhalb vom Semaforo (Leuchtfeuer).

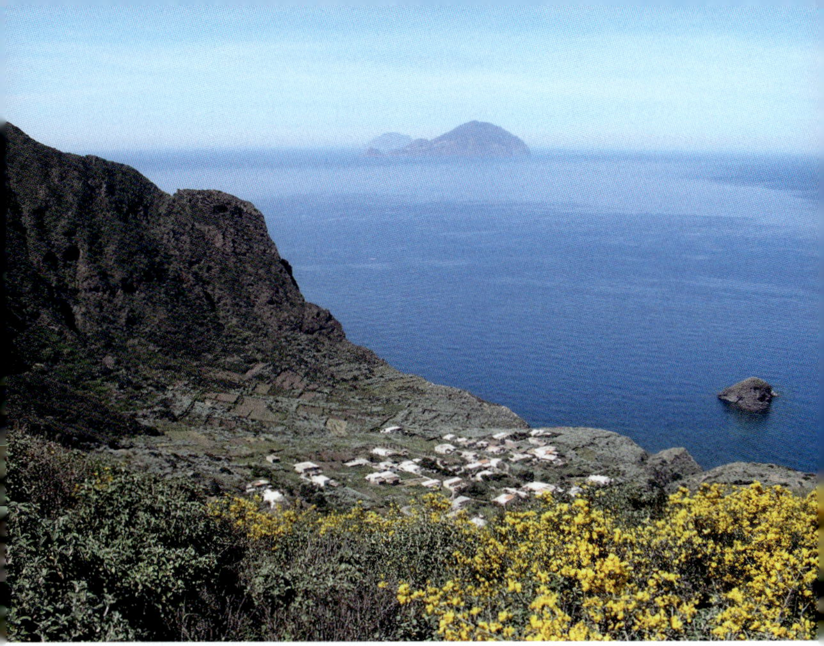

*Pollara*

Aussichtsterrasse mit Geländer und tollem Blick hinunter in den alten Explosionskrater von Pollara

## Porri-Ausbruch, „Postino“ und Pollara

Der Talkessel von Pollara entstand vor ca. 20.000 Jahren bei Vulkanausbrüchen nordwestlich vom Monte dei Porri. Durch die Meeresbrandung wurde die westliche Hälfte des Kraters abgetragen. Die Insel Scoglio del Faraglione vor Pollara erinnert als Überrest des alten Schlots an den alten Vulkan (wie Strombolicchio).

Pollara, Zentrum des Kapernanbaus, wurde durch den Film „Il Postino“ bekannt, der 1994 von Michael Radford an der Amalfiküste und in Pollara gedreht wurde.

Wenn Sie die Aussicht genossen haben, queren Sie die Straße landeinwärts und folgen dem Weg den Kamm hinauf (Holzschilder „Monte dei Porri“ und „Serro di Pollara“), nach 100 m rechts an dem alten Semaforo (Leuchtturm) vorbei.

Etwa 400 m nach dem Leuchtturm verengt sich der Weg zu einem kleinen Pfad. Es geht weiter geradeaus auf dem Kamm aufwärts (Sentiero 8) und rechts an einem kleinen Feld (Wein) vorbei (Holzschild „Monte dei Porri/Leni"). Nach 5 Min. erreichen Sie eine T-Kreuzung ❶ (km 1, ⇧ 390 m) und folgen dem Pfad (Sentiero 9) nach rechts (Holzschilder u. a. „Pizzo Corvo/Leni"), anfangs leicht, später vorübergehend stärker ansteigend.

Nach 40 Min. ändert sich am Pizzo del Corvo (km 2,4, ⇧ 572 m) plötzlich die Vegetation und das Mikroklima: Es wird deutlich trockener und heißer. Nach einem letzten Blick zurück hinunter in den Talkessel von Pollara geht es geradeaus abwärts.

Vorsicht! Der Weg ist teilweise geröllig und stellenweise sehr rutschig. Feste Felsen bieten sich am besten als Trittpunkte an.

Der Abstieg dauert etwa 50 Min. und führt über ehemals terrassierte Hänge oberhalb des Vallespina. Sie wandern auf dem ehemaligen Zubringerweg zu den alten Terrassen. Vor ca. 150 Jahren wurden diese noch bewirtschaftet, als die Liparischen Inseln rund doppelt so viele Einwohnerinnen und Einwohner hatten (im 19. Jh.) wie heute, ehe die Auswanderungswelle nach Nordamerika und Australien einsetzte.

Der Pfad steuert auf einen weit unten liegenden Betonschuppen mit Flachdach zu. Kurz vor dem Gebäude erreichen Sie zwischen alten Olivenhainen an einer Mauer und bei einem Holzgeländer eine Wegkreuzung ❷ (km 3,6, ⇧ 210 m).

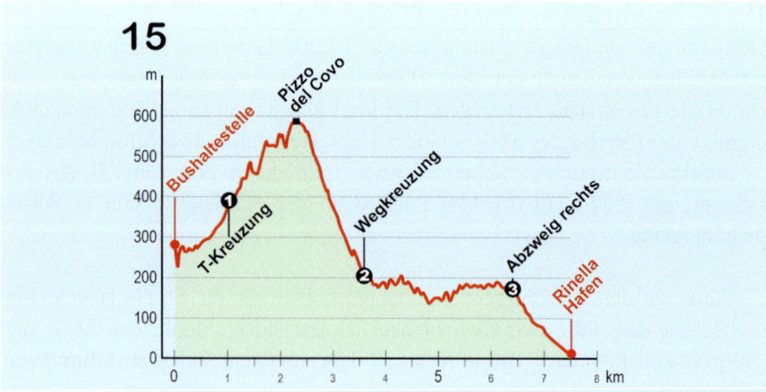

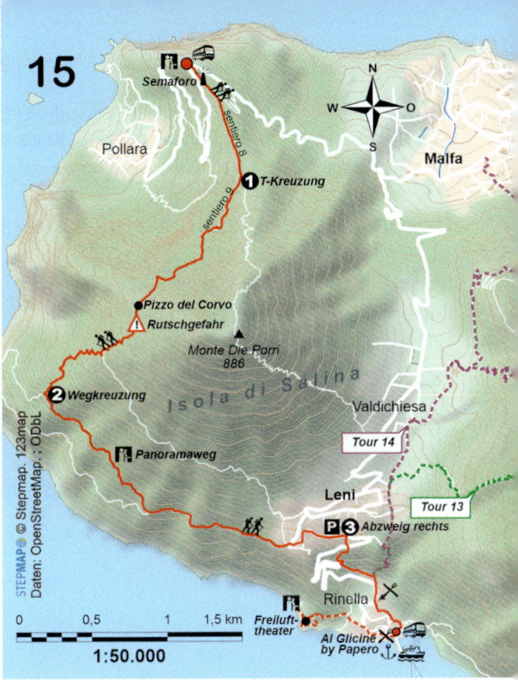


In die Richtung, aus der Sie gekommen sind, weist ein Holzschild: „Serro di Pollara“ und „Pizzo Corvo“. Sie folgen dem Weg nach links neben einem Holzgeländer, auf etwa gleichbleibender Höhe (Holzschild Richtung „Leni“) – ein toller Panoramaweg mit Blick auf Filicudi.

Nach 30 Min. kündigt Betonbelag den Anfang der Zivilisation an. Kurz darauf geht der Weg in eine asphaltierte Straße über, die bald rechts von einigen Eukalyptusbäumen gesäumt wird, ehe Sie nach 250 m an einer kleinen Verkehrsinsel mit einer Kiefer die Hauptzufahrtsstraße nach Rinella erreichen (km 5,9, ⇧ 200 m). Sie wandern auf der asphaltierten Straße rechts abwärts auf Rinella zu. Nach 5 Min. (km 6,4, ⇧ 165 m) passieren Sie zur Linken einen kleinen Parkplatz und dahinter ein größeres Haus. Gegenüber von diesem Haus gehen Sie scharf rechts abwärts ❸ über Natursteinpflaster in flachen Stufen Richtung Rinella. Anfangs ist der Weg identisch mit einem (meist trockenen) Bachbett. Nach 5 Min. kreuzen Sie bei einem Baum mit Betonbänken die Straße und wandern auf aussichtsreichem Fußweg abwärts Richtung Rinella. Nach etwa 10 Min. erreichen Sie die Straße bei Rinella (km 7, ⇧ 70 m) und folgen ihr geradeaus. 100 m weiter nehmen Sie nach einer Pizzeria zur Linken die schmale Gasse (Einbahnstraße) hinunter zum Hafen, ohne Abzweigungen zu beachten. 50 m vor dem Hafen passieren Sie einen kleinen Platz (Piazza Anna Magnani) mit einer Palme.

🍸✕ Al Glicine by Papero, Via Rotabile 16, ☏ 090/980 91 61, 📱 33 84 48 26 91, 🚪 April bis Oktober täglich tagsüber, Bar mit großem Sortiment an herzhaften und süßen Snacks, darunter sehr guter Granita, u. a. Sorte Maulbeer (*granita di gelsi*) – in der Saison

Alimentari taranto, Via S. Gaetano 69/69, am kleinen Platz oberhalb vom Hafen

Verkaufsschalter für Schiffstickets im Gebäude am Hafen. Daneben halten die Linienbusse Richtung Malfa bzw. Santa Marina di Salina.

## Panoramaweg westlich von Rinella

(1,8 km, 30 Min., ↑↓ 40 m)

Sie starten am Hafen von Rinella und folgen der Treppe aufwärts zur Straße Via Rotabile vor der Bar Al Glicine und dort der Straße nach links. Nach 150 m gehen Sie nach der Rechtskurve der Straße nach links und nehmen nach 30 m den links zwischen Mauern abwärtsführenden Pfad mit Stufen (Holzschild „Spiaggia Pra' Venezia"), der kurz darauf als neu gepflasterter Fußweg zu einem Holzgeländer oberhalb der Steilküste führt. Rechts geht es hinunter zu einem (steinigen) Strand, nach links auf gleicher Höhe zu einem neu angelegten Freilufttheater oberhalb der Küste und von dort zurück, zunächst oberhalb vom Steilufer auf dem gepflasterten Weg.

*Rinella-Panoramaweg*

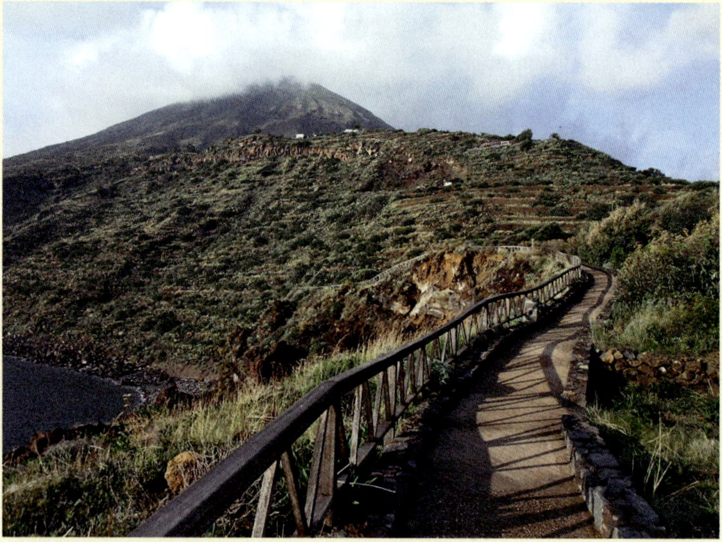

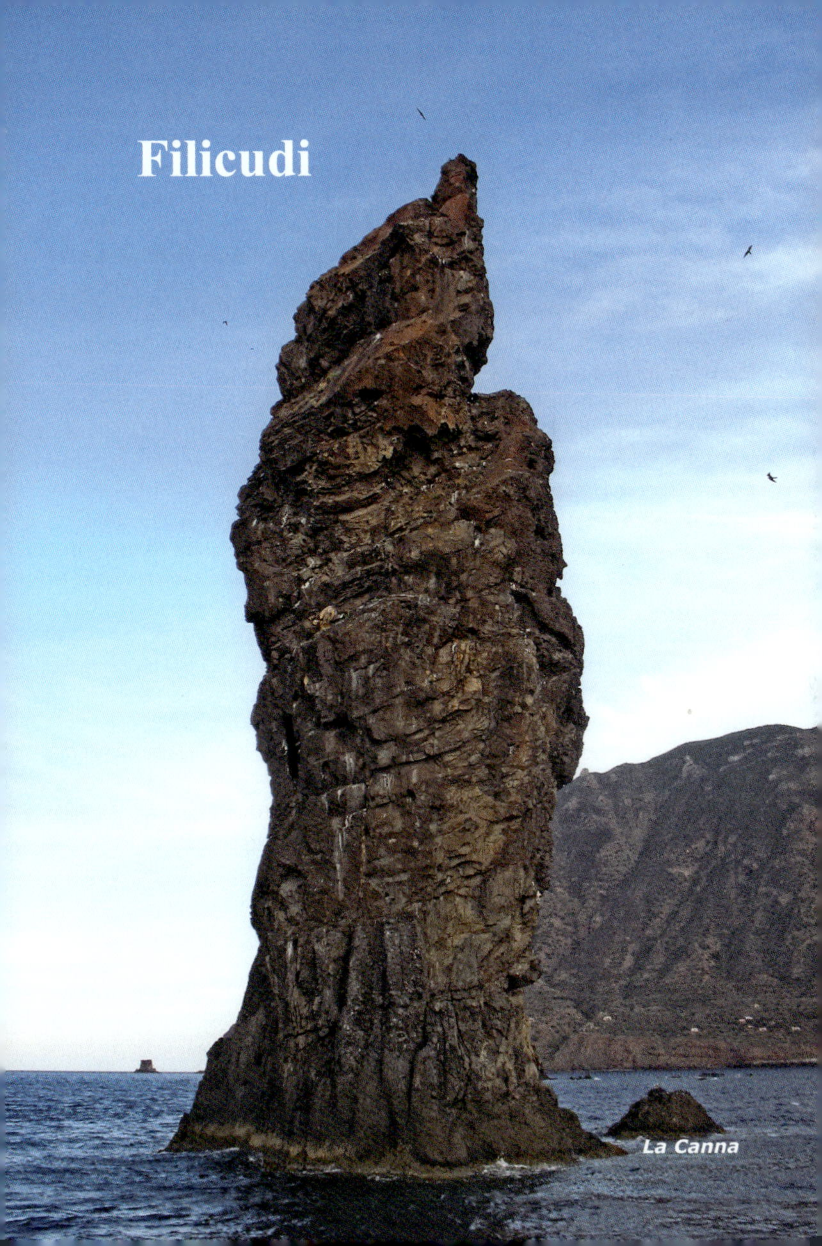
Filicudi
La Canna

Das vor rund 1 Mio. Jahren entstandene Filicudi ist die älteste der Liparischen Inseln. Filicudi liegt etwas abseits und ist mit seinen knapp 250 Einwohnerinnen und Einwohnern dünn besiedelt – und zwar schon seit der Bronzezeit, aus der noch die Siedlung Capo Graziano erhalten ist (☞ Tour 16). Eine Straße verbindet die drei kleinen Ortschaften miteinander. Ein Großteil der Wanderungen verläuft auf alten Eselpfaden, teilweise mit Stufen zwischen alten Terrassen und bis zu 4 m hohen Trockenmauern. Bei den Griechen wurde die Insel „Phenicusa" genannt, die „Farnenreiche". Die früheren Wälder wurden aber alle in der Römerzeit sowie im 17. Jh. gerodet, daher bildet Macchia die dominante Vegetationsform. Filicudi ist ein beliebtes Ziel für Tagestouristinnen und Tagestouristen, die die Insel freiwillig besuchen – im Gegensatz zu Julia, der Tochter des römischen Kaisers Augustus, die hierher verbannt worden sein soll.

Hotels sind Mangelware auf Filicudi:

Hotel La Canna, Via Rosa 43, ☏ 090/988 99 56, 33 69 26 56, www.lacannahotel.it, DZ mit F ab € 110, Mitte April bis Mitte Oktober, kleines Dreisternehotel mit 14 Zimmern oberhalb vom Hafen mit toller Aussicht von der Terrasse

♦ Hotel Phenicusa, Via Porto 7, ☏ 090/988 99 46, 34 06 93 07 73, www.hotelphenicusa.com, DZ mit F ab etwa € 115, nur Mai bis September, Dreisternehotel mit 34 Zimmern direkt an der Hafenmole

**B&B** Villa La Rosa, Via Rosa 24, ☏ 090/988 99 65, 37 72 90 36 20, www.villalarosa.it, DZ mit F ab € 90, ganzjährig geöffnet, Pension mit Bar-Restaurant oberhalb vom Hafen

Einkehrgelegenheiten gibt es ebenfalls nur wenige, z. B. am Fähranleger Bar-Ristorante Da Nina, Via Porto, ☏ 090/988 99 84, in der Nebensaison ab 14:00, sowie etwas oberhalb davon die Bar La Rosa in der Via Rosa 24, ☏ 090/988 99 65, sporadisch bzw. auf Anfrage

La Bottega, Via Porto, Mo-Sa 9:00-17:00, kleiner Lebensmittelladen am Fähranleger

Farmacia di Simone Francesca, Via Porto, Lungomare Nino Santamaria, 393/477 88 29, am Fährhafen

Filicudi wird relativ selten von Schiffen angelaufen. Normalerweise legen die Schiffe bei Filicudi Porto an der Nordostküste an, bei starken Winden aus dieser Richtung kann aber auch alternativ der an der Südküste gelegene Hafen Pecorini angesteuert werden. Die für eine Tageswanderung idealen Schiffsverbindungen ab/nach Lipari (via Salina):

- ♦ ab Lipari: Schnellboot (ca. 1 Std.) täglich 8:15 und 14:45, Fähre (ca. 2 Std. 30 Min.) Mo, Mi, Do, Sa 9:30
- ♦ zurück nach Lipari ab Filicudi: Schnellboot täglich 10:30 und 16:55, Fähre Mo, Mi, Do, Sa 14:30

☺ Eine Alternative zu diesen Schiffsverbindungen sind organisierte Tagesausflüge ab Lipari nach Filicudi und Alicudi (ca. € 55). Wenn man auf Alicudi verzichtet, bleiben auf Filicudi mehrere Stunden Zeit, die sich für eine Wanderung (z. B. Tour 15) nutzen lassen. Einige Bootsfirmen bieten nach Absprache diese wanderfreundliche Variante an (☞ Reise-Infos → Verkehrsmittel → Schiff → Tagesexkursionen)

Theoretisch könnte man am steinigen Strand neben dem Fähranleger baden, aber ein schöner Strand sieht anders aus!

## Phänomenale Felsformationen

Sollten Sie Filicudi mit einer organisierten Bootstour besuchen, gehört dazu oft eine (empfehlenswerte!) Umrundung per Boot (ca. 45 Min.), wobei die folgenden zwei spektakulären Felsformationen angesteuert werden:

- ▷ **La Canna**, eine 74 m hohe Felsnadel im Meer – wie Strombolicchio oder die Faraglioni vor Lipari ein ehemaliger Vulkanschlot. Berühmt ist die Kolonie der hier brütenden Eleonorenfalken. Seit 1972 thront eine Madonnenfigur auf dem Gipfel, die 1988 bei einem Sturm ins Meer stürzte. Zum Glück bargen Taucher sie aus einer Felsspalte und seit 1989 steht die Madonna wieder auf La Canna.
- ▷ **Grotta del bue marino**, die „Höhle des Meerochsen". Diese Säulenbasaltgrotte war ursprünglich die Kinderstube für eine mediterrane Robbenart.

*Grotta del bue marino*

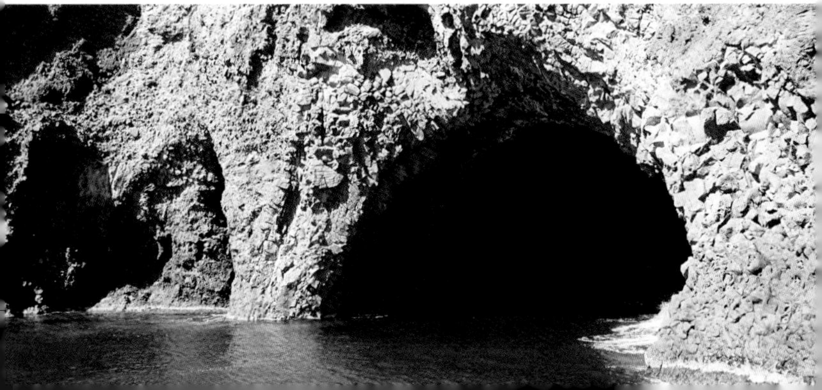

# 16 Capo Graziano und Geistersiedlung Zucco Grande

*Tour für geschichtlich Interessierte und Landschaftsgenießerinnen und -genießer*

*Diese kurze Stichwanderung macht Sie schnell und einfach mit der Insel Filicudi vertraut. Nach Zucco Grande führt ein bequem zu gehender Panoramaweg am Hang entlang. Ein „Muss" auf Filicudi ist die bronzezeitliche Siedlung Capo Graziano, die sich bei Zeitmangel auch ohne Zucco Grande besuchen lässt.*

Start/Ziel: Filicudi Porto, Hafen, GPS N 38°33,696' E 014°34,859'
7,9 km
3 Std.
420 m/420 m; An-/Abstieg überwiegend am Stück
2-235 m
vereinzelt Holzschilder
Pfade sowie Gassen und kleine, verkehrsarme Straßen
Einkehrgelegenheiten am Start/Ziel sowie oberhalb von Filicudi (km 0,7 bzw. km 5,5)
Picknickplatz in Zucco Grande (km 2,9 bzw. km 3,2), außerdem gute Sitzgelegenheiten auf Steinen in Capo Graziano (km 7)
kleiner Laden am Hafen bzw. Start/Ziel
für Kinder gut geeignet: abwechslungsreich mit viel Aussicht
für Buggys wegen vieler Stufen nicht geeignet
Hunde können die ganze Zeit mitlaufen.

## Nur zur bronzezeitlichen Siedlung (2 x 1 km, 1 Std., 150 m)

Folgen Sie der Straße nach links, vorbei an einer kleinen Bar und einem kleinen Laden. Nach 10 Min. nehmen Sie in einer scharfen Rechtskurve links aufwärts den Pfad zur bronzezeitlichen Siedlung (Holzschild „Villaggio Preistorico di Capo Graziano") und nach 100 m den scharf rechts abzweigenden Pfad, der mit schöner Sicht hinauf zur Siedlung führt (entsprechendes Holzschild). Zurück geht es auf demselben Weg hinunter zum Hafen.

Vom Fähranleger kommend gehen Sie 50 m nach links, um dann rechts – vor dem Haus mit der Siremar-Agentur und einer Bar – den Stufenweg aufwärts zu nehmen, der Sie nach 10 Min. an Häusern vorbeiführt, u. a. mit Hotel und Bar (Infos ☞ S. 114). 20 Min. nach dem Start erreichen Sie eine asphaltierte Straße (km 0,6, ⇧ 130 m) und folgen dieser nach rechts. Nach 500 m endet in einer Linkskurve ❶ auf der rechten Seite die Leitplanke. Dahinter nehmen Sie den rechts abzweigenden Pfad (weiße Striche auf einem Stein) neben einer Steinmauer.

80 m weiter ignorieren Sie bei einer Gabelung mit Gullydeckel den links abzweigenden Weg und gehen geradeaus weiter.

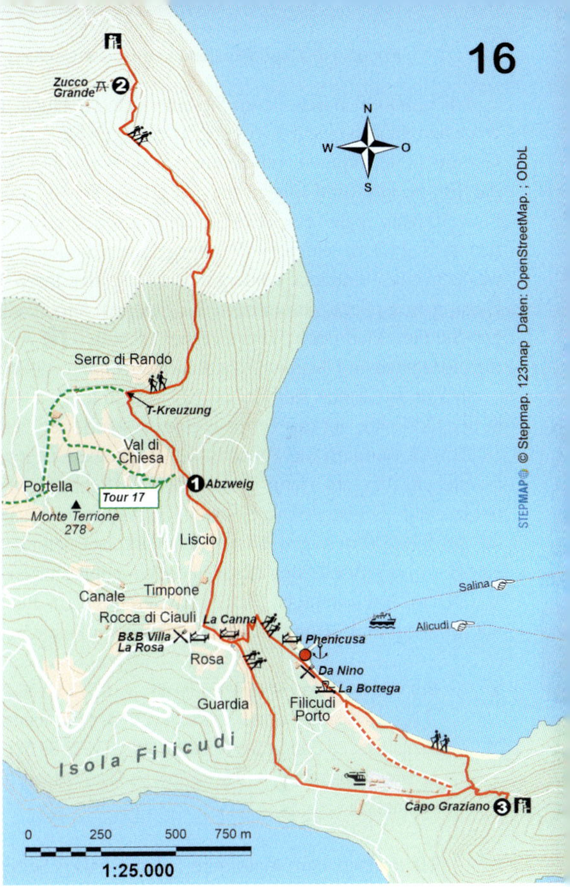


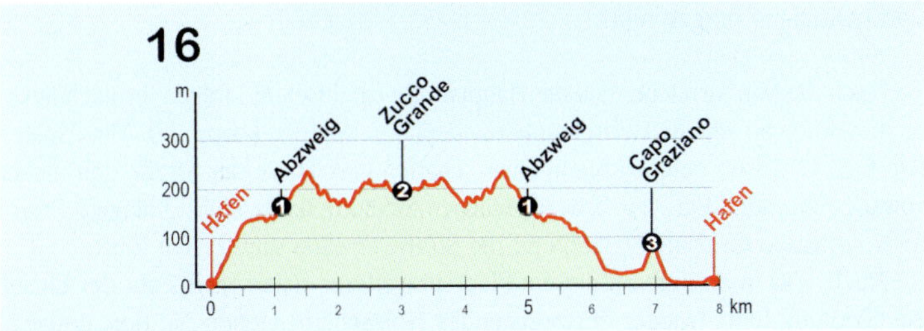

Nach 300 m durchqueren Sie eine kleine Schlucht (km 1,5, ⇧ 220 m) und erreichen danach eine T-Kreuzung. Hier folgen Sie rechts dem Holzschild „Zucco Grande". (Sie kommen vom Sentiero Scala Brigadini.) Nach 100 m ignorieren Sie die Treppe links und folgen dem Weg bzw. Schild „Zucco Grande" geradeaus. Etwa 30 Min. später erreichen Sie die Häuser bzw. Ruinen von **Zucco Grande ❷** (km 3, ⇧ 210 m), einer 1949 aufgegebenen Siedlung an Filicudis Nordostküste, wo sich ein Aussteiger niedergelassen hat, der Ihren Wanderweg als einzigen Zugangsweg pflegt, darum der gute Zustand. Rechts vorbei an den Häusern folgen Sie dem Pfad noch 50 m zu einem schönen Aussichtspunkt mit Blick auf die Nordostküste Filicudis (Schild „sentiero molto difficoltoso").

In Zucco Grande lädt ein mit EU-Mitteln finanzierter netter Picknickplatz in der Dorfmitte auf der Terrasse eines restaurierten Hauses zur Pause ein.

Zurück wandern Sie zunächst auf demselben Weg wie hin: auf dem panoramareichen Weg am Hang entlang bis zur Schlucht, die Sie nach links queren (Holzschild „Sentiero Scala Brigantini"). Weiter geht es auf dem Pfad bis zur Straße, der Sie 500 m folgen. Hinter dem Parkplatz nehmen Sie wieder den links, bei einem (roten) Briefkasten abzweigenden gepflasterten Weg abwärts (km 5,5, ⇧ 130 m). Nach wenigen Metern passieren Sie zur Rechten eine Bar (Rückseite, mit Eingang) und 50 m danach zur Linken ein Restaurant.

Bar Villa La Rosa, ☎ 090/988 99 65, 37 72 90 36 20, www.villalarosa.it, in der Nebensaison nur sporadisch, in den Sommermonaten täglich

Restaurant La Canna, Via Rosa 43, ☎ 090/988 99 56, 33 69 26 56, www.lacannahotel.it, Mitte April bis Mitte Oktober täglich, nette Terrasse mit toller Aussicht

10 m nach dem Ristorante auf der linken Seite nehmen Sie den rechts abzweigenden Weg, der zunächst leicht aufwärts und dann mit toller Aussicht auf Capo Graziano bergab führt.

Nach 10 Min. erreichen Sie die Hauptstraße der Insel und folgen ihr nach links, u. a. vorbei an einem Hubschrauberlandeplatz. Weitere knapp 10 Min. später (km 6,8, ⇧ 35 m) nehmen Sie in einer scharfen Linkskurve der Straße den rechts aufwärtsführenden Pfad zur bronzezeitlichen Siedlung (Holzschild „Villaggio Preistorico di Capo Graziano"), während die Straße abwärts zum Hafen führt.

Nach 100 m zweigt von diesem Pfad ein weiterer scharf rechts ab, der hinauf zur Siedlung führt (wieder entsprechendes Holzschild). Gehen Sie dort entlang.

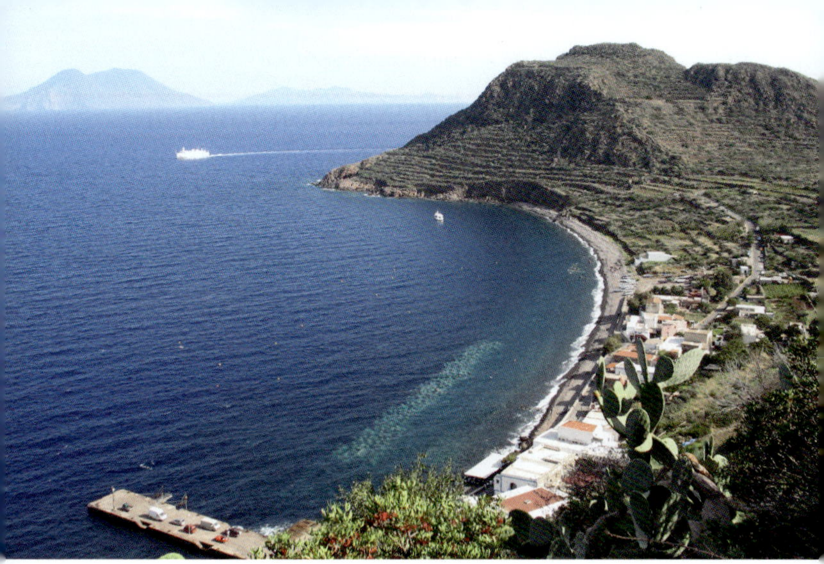

*Capo Graziano*

Nach 100 m halten Sie sich erneut rechts und passieren kurz darauf eine Mauer, die die bronzezeitliche Siedlung Capo Graziano umgibt ❸ (km 7, ⇧ 95 m).

schöne Sicht von dem Plateau der Siedlung auf Filicudi

## Vorgeschichtliche Besiedlung auf Filicudi

Das 174 m hohe **Capo Graziano** war bereits in der Bronzezeit besiedelt (1.800-1.250 v. Chr.). Zu sehen sind Fundamente der (zumeist runden) Gebäude. Aufsehen erregten 1960 Unterwasserfunde von Gianni Roghi vor Capo Graziano: Er war auf ein römisches Schiffswrack aus dem 2. Jh. v. Chr. gestoßen. Sowohl die Grabungsfunde aus der bronzezeitlichen Siedlung als auch die Unterwasserfunde sind im Archäologischen Museum von Lipari zu sehen (☞ Tour 1).

Zurück geht es, wie Sie gekommen sind, Richtung Straße und 100 m vor dieser bei der Wegekreuzung geradeaus auf dem Pfad zur Küste, wo Sie am steinigen Strand links zum Fähranleger gehen.

Alternativ (einfacher und 5 Min. kürzer) gehen Sie wie auf dem Hinweg zur Straße und folgen ihr 600 m nach rechts zum Fähranleger.

# ⑰ Auf den höchsten Gipfel von Filicudi

*Tour für Gipfelstürmerinnen und Gipfelstürmer*

*Diese Tour zum Monte Fossa ist eher etwas für ausdauernde und hart gesottene Wanderinnen und Wanderer: Es geht nicht nur überwiegend am Stück fast 700 m auf- und abwärts, der Weg ist auch steil und stellenweise etwas verbuscht, da der Pfad unterhalb des Gipfels kaum gepflegt und selten begangen wird. Die Aussicht belohnt allerdings die Mühen …*

- Start/Ziel: Filicudi Porto, Hafen, GPS N 38°33,696' E 014°34,859'
- 8,5 km
- 4 Std.
- ↑↓ 800 m/800 m; An-/Abstieg überwiegend am Stück
- ⇧ 2-775 m
- vereinzelt Wegweiser
- Die überwiegenden Bergpfade sind stellenweise etwas überwachsen. Außerdem geht es durch Gassen und einige kleine Straßen mit sehr wenig Verkehr.
- Einkehrgelegenheiten am Start/Ziel und oberhalb von Filicudi (km 0,5 bzw. km 8)
- keine Rastplätze, aber Sitzgelegenheit an der Chiesa di Santo Stefano (km 1,8 bzw. km 6,7)
- kleiner Laden am Hafen bzw. Start/Ziel
- für Kinder nicht ideal, da steil und anstrengend
- für Buggys wegen Stufen und Steigung ungeeignet
- für Hunde machbar, aber sehr steil

Die Wanderung beginnt zunächst wie die Tour nach Zucco Grande: Vom Fähranleger kommend gehen Sie 50 m nach links, um dann rechts – vor dem Haus mit der Siremar-Agentur und einer Bar – den Stufenweg aufwärts zu nehmen, der Sie nach 10 Min. an Häusern vorbeiführt, u. a. mit Hotel und Bar (Infos ☞ S. 119). 15 Min. nach dem Start erreichen Sie eine asphaltierte Straße (km 0,6, ⇧ 130 m) und folgen dieser nach rechts. Nach 500 m endet in einer Linkskurve ❶ auf der rechten Seite die Leitplanke. Dahinter nehmen Sie den rechts abzweigenden Pfad (weiße Striche auf einem Stein). 80 m weiter ignorieren Sie bei einer Gabelung mit Gullydeckel den links abzweigenden Weg und gehen geradeaus weiter.

Nach 300 m durchqueren Sie eine kleine Schlucht (km 1,5, ⇧ 220 m) und erreichen direkt danach eine T-Kreuzung. Hier folgen Sie dem Pfad nach links

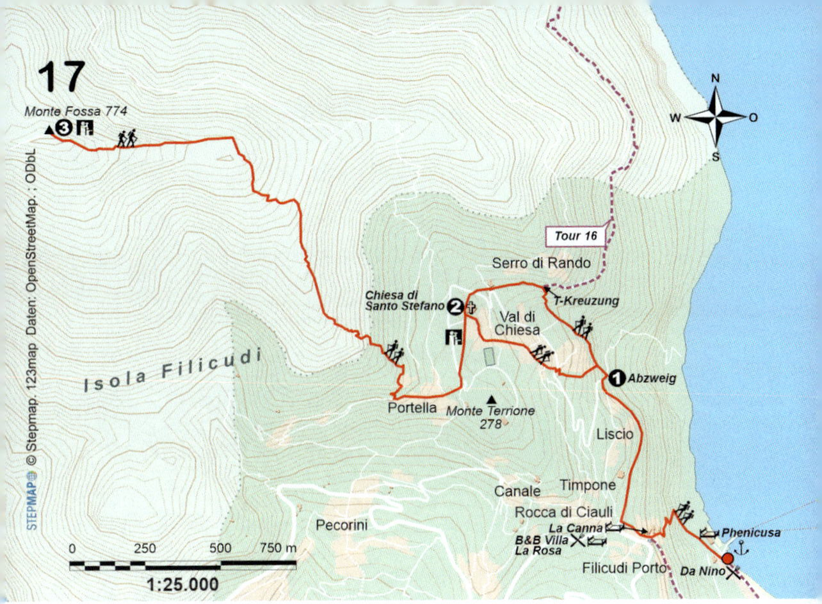


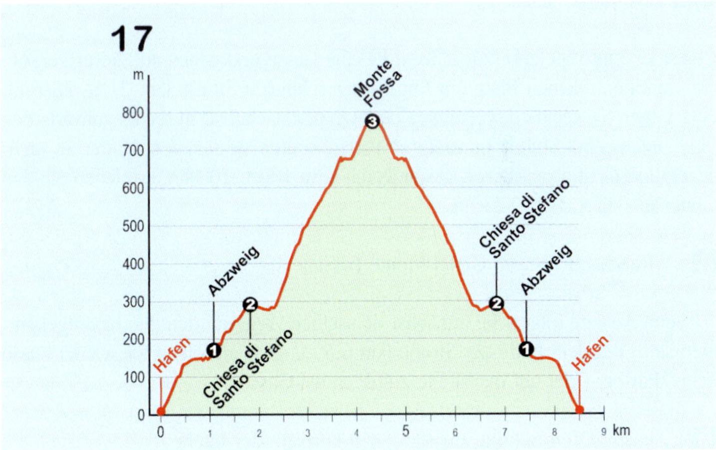


landein- und aufwärts. 5 Min. später queren Sie eine Straße und wandern geradeaus auf dem Pfad auf die Kirche zu. Nach 100 m erreichen Sie auf Höhe der

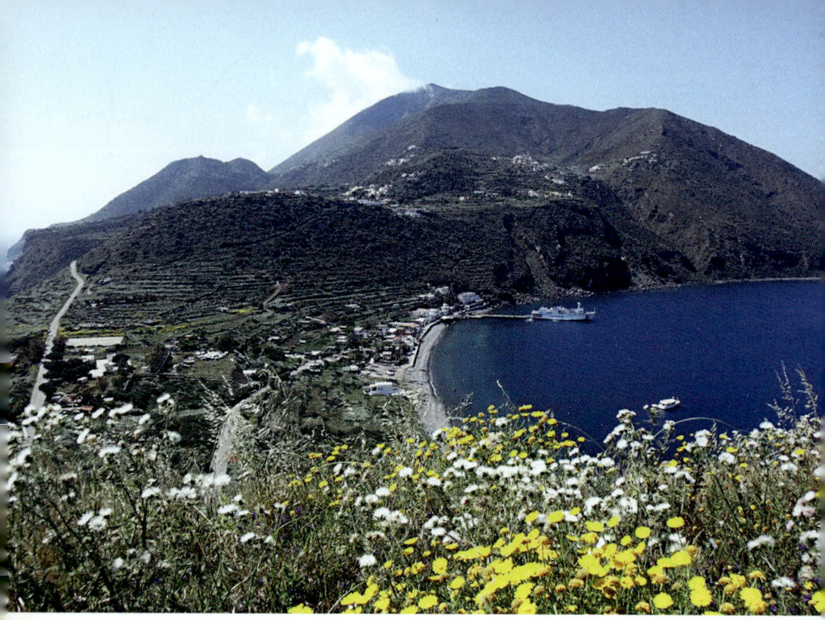

*Blick auf Monte Fossa*

Chiesa di Santo Stefano (zur Linken) ❷ eine Gasse und gehen auf dieser geradeaus zu einem kleinen Platz am Ende einer schmalen Straße (km 2, ⇧ 280 m). Hier folgen Sie rechts dem Fußweg und nehmen nach 200 m rechts aufwärts den Pfad, anfangs mit Stufen. Im weiteren Verlauf sollten Sie sich von dichter Strauchvegetation nicht abschrecken lassen. Nach etwa 1 Std. 20 Min. erreichen Sie den Gipfel ❸ (km 4,3, ⇧ 775 m).

Rundumblick vom Gipfel Monte Fossa

Beim Abstieg folgen Sie zunächst demselben Weg, auf dem Sie hinaufgekommen sind. Bei dem Ende der Straße (km 6,5, ⇧ 280 m) folgen Sie wieder – wie beim Hinweg – der auf die Kirche zuführenden Gasse.

nach 200 m schöne Aussicht vom Vorplatz der Kirche

Kurz vor der Kirche nehmen Sie den rechts hinunterführenden Pfad – auf Filicudi Porto zu. Nach 5 Min. queren Sie eine Straße (km 7,1, ⇧ 225 m) und folgen geradeaus dem etwas steileren Weg abwärts, um sich nach 150 m bei einem anderen Pfad rechts zu halten. 70 m weiter erreichen Sie wieder die Straße, der Sie geradeaus folgen, mit schönem Blick nach links auf Filicudi Porto.

Nach 500 m nehmen Sie hinter dem Parkplatz den links bei einem (roten) Briefkasten abzweigenden gepflasterten Weg zwischen Mauern abwärts (km 7,9, ⇧ 130 m). Nach wenigen Metern passieren Sie zur Rechten eine Bar und 50 m danach zur Linken ein Restaurant.

🍷 Bar Villa La Rosa, ☎ 090/988 99 65, 📱 37 72 90 36 20, 💻 www.villalarosa.it, 🚪 in der Nebensaison nur sporadisch, in den Sommermonaten täglich

🍴 Restaurant La Canna, Via Rosa 43, ☎ 090/988 99 56, 📱 33 69 26 56, 💻 www.lacannahotel.it, 🚪 Mitte April bis Mitte Oktober täglich, nette Terrasse mit toller Aussicht

Sie folgen demselben Weg wie beim Hinweg – abwärts über Stufen bis zum Hafen – und ignorieren alle Abzweigungen.

*Ginster*

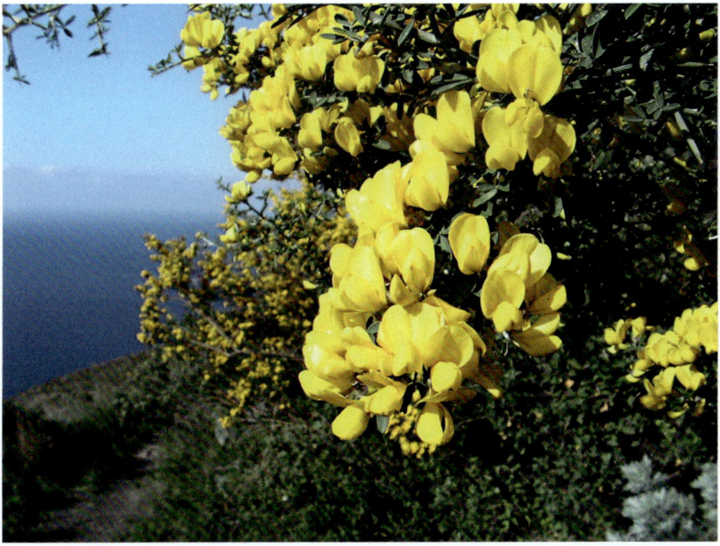

# Alicudi

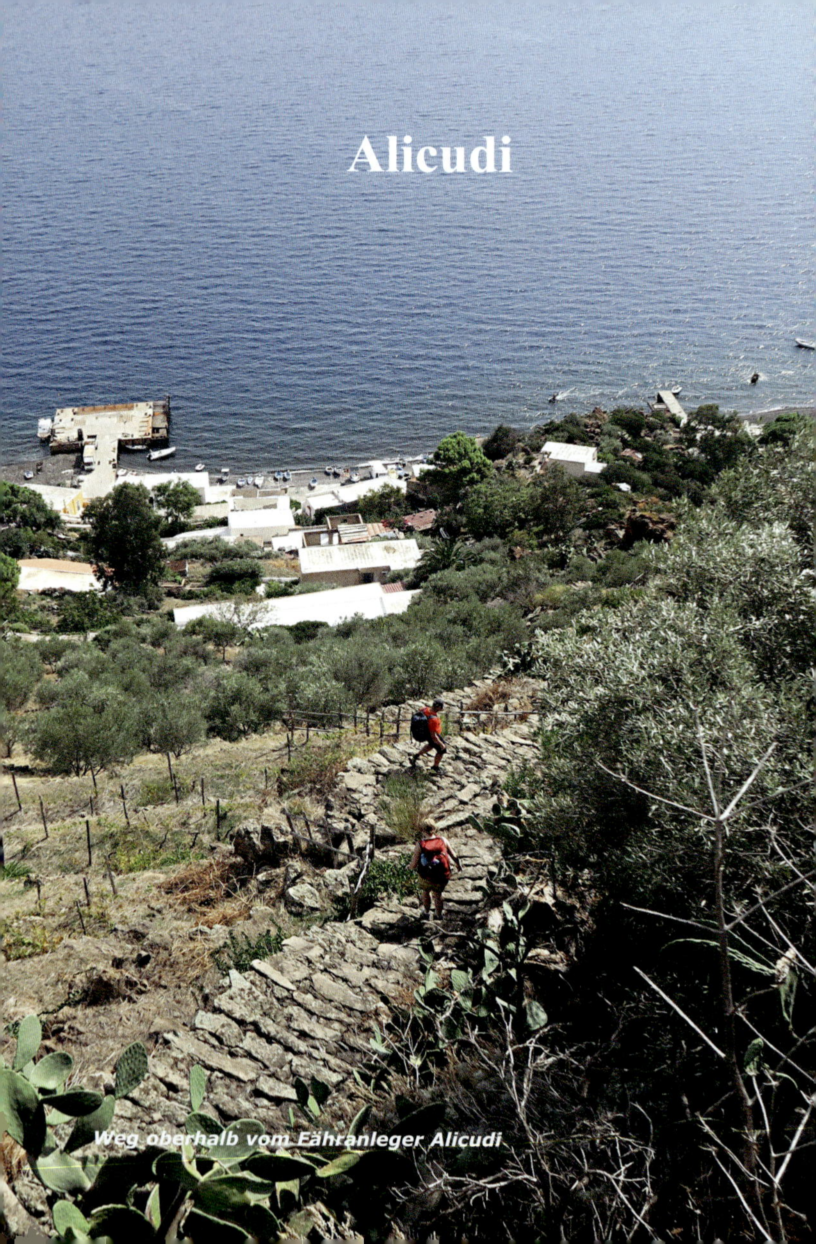

Weg oberhalb vom Fähranleger Alicudi

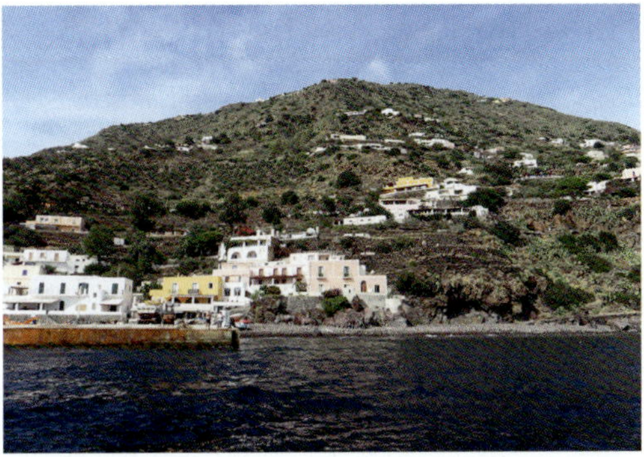

*Alicudi*

Das vor rund 70.000 Jahren entstandene Alicudi gilt als jüngste und, was die Einwohnerzahlen betrifft, als kleinste der Liparischen Inseln: Rund 100 Menschen leben auf dem westlich abgelegenen Eiland, das von allen Liparischen Inseln am seltensten von Schiffen angelaufen wird. Überragt wird die Insel vom 675 m hohen Stratovulkan Filo dell'Arpa. In der Antike hieß Alicudi wegen des hier herrschenden Heidekrauts „Ericusa".

- Hotel Ericusa, Via Perciato, 32 87 49 59 92, DZ mit HP ab € 180, Mitte April bis Mitte Oktober, einziges Hotel auf der Insel, nahe am Fähranleger
- **B&B** Casa Mulino Residence, Via Regina Elena, 090/988 96 81, www.alicudicasamulino.it, DZ mit F ab € 100, Zimmer oberhalb der neuen Mole
- Einkehrgelegenheiten gibt es ebenfalls nur wenige; zwei Bars/Cafés am Hafen: L'Airone (Via Perciato snc) und Golden Café Noir (an der neuen Mole)
- Alimentari, Mo-Sa 9:00-12:30 und 15:30-19:00, kleiner Lebensmittelladen an der neuen Mole
- Alicudi wird relativ selten von Schiffen angelaufen. Die für eine Tageswanderung idealen öffentlichen Schiffsverbindungen ab/nach Lipari führen in der Regel über Salina und Filicudi (Tarif für einfache Fahrt etwa € 18 bis 27)
- ♦ ab Lipari: Schnellboot (ca. 1 Std. 30 Min.) täglich 8:15 und 14:45, Fähre (ca. 3 Std. 15 Min.) Mo, Mi, Do, Sa 9:30
- ♦ zurück nach Lipari ab Alicudi: Schnellboot täglich 10:00 und 16:25, Fähre Mo, Mi, Do, Sa 13:30
- ☺ Eine Alternative zu diesen Schiffsverbindungen sind organisierte Eintagesausflüge ab Lipari nach Filicudi und Alicudi (ca. € 55).
- steiniger Strand südwestlich vom Hafen

# 18 Schnupperrunde auf entlegenem Eiland

*Tour für Landschaftsgenießerinnen und Landschaftsgenießer*

*Diese kurze Rundwanderung vermittelt einen guten Eindruck von der abseits gelegenen Insel Alicudi. Sie ist bewusst so kurz gehalten, dass sie auch im Rahmen eines kürzeren Stopps einer Bootsrundfahrt möglich ist. Beliebige Verlängerungen weiter hinauf sind auf den vielen Maultierpfaden möglich.*

- Start/Ziel: Alicudi Molo Nuovo, Hafen, GPS N 38°32,026' E 014°21,672'
- 2,1 km
- 45 Min.
- 420 m/420 m; An-/Abstieg überwiegend am Stück
- 2-235 m
- vereinzelt Schilder/Wegweiser
- gut erschlossene, großteils gepflasterte Wege mit einigen Stufen
- Einkehrgelegenheiten am Start/Ziel
- keine Rastplätze
- kleiner Laden am Hafen bzw. Start/Ziel

*Aufstieg auf Alicudi*

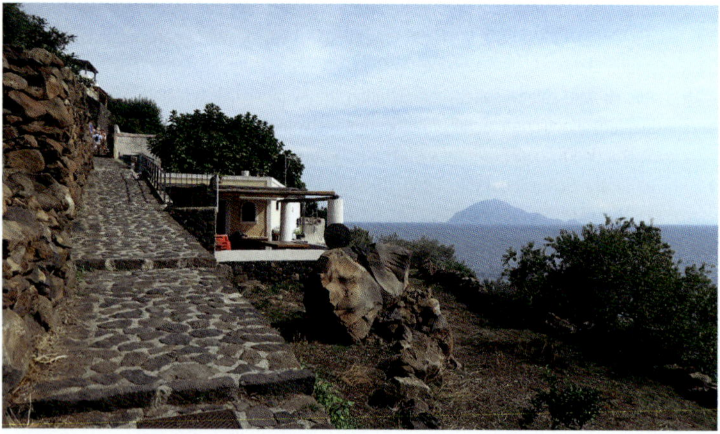

für Kinder gut geeignet: abwechslungsreich mit viel Aussicht

für Buggys wegen vieler Stufen nicht geeignet

Hunde können – wegen der Besiedlung besser angeleint – mitlaufen.

Statt Taxis verkehren Esel bzw. Maultiere für den Warentransport auf der Insel; diese haben Vorrang.

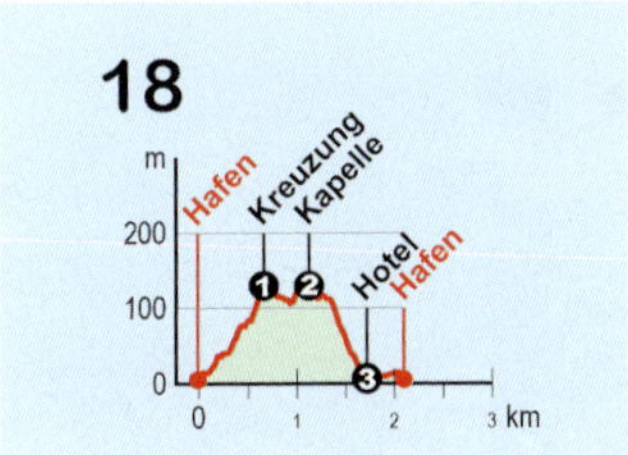


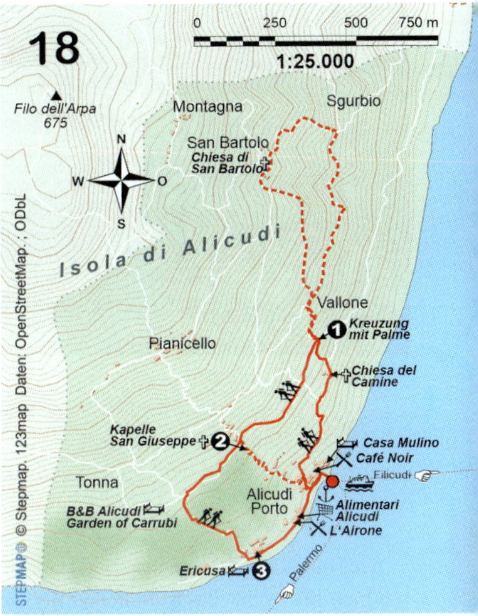


Sowohl die Ausflugsschiffe wie der Linienverkehr legen an der Nuovo Molo an. Landeinwärts liegt das Golden Café Noir.

Golden Café Noir, 32 03 56 00 62, täglich 8:30-20:00, an der neuen Mole

Hier folgen Sie dem Stufenweg aufwärts, zunächst eingerahmt von Mauern, später rechts mit schönem Blick nach Filicudi. Bei Gabelungen halten Sie sich zunächst immer rechts und erreichen die Chiesa Del Carmine mit restauriertem Inneren (km 0,5, ⇧ 100 m). Hinter der Kirche halten Sie sich links und bei der folgenden Kreuzung mit einer Palme ❶ auf der linken Seite wieder links.

## Verlängerung zur Kirche S. Bartolo

(zus. 1,8 km, 50 Min., ↑ ↓ 210 m)

Bei der Kreuzung mit der Palme gehen Sie geradeaus aufwärts, halten sich nach 120 m rechts Richtung San Bartolo und kurz darauf bei einer Abzweigung wieder rechts. Sie steigen kontinuierlich an, gehen nach 600 m bei einer Kreuzung scharf links und erreichen nach 400 m weiteren Anstiegs die Kirche San Bartolo

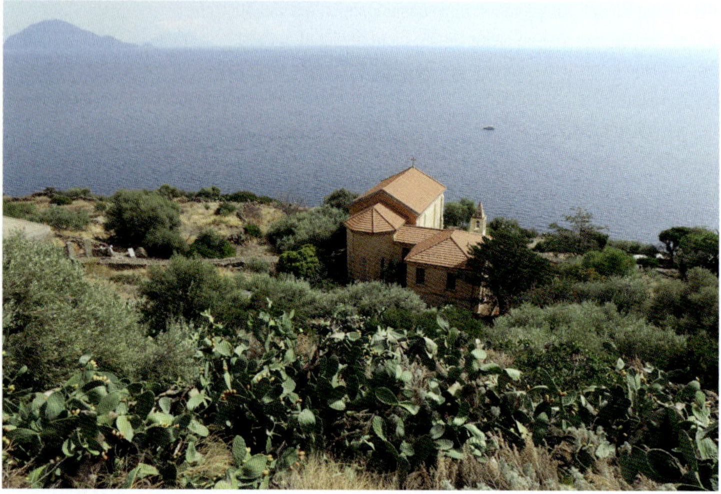

*Chiesa Del Carmine*

(⇧ 345 m). Hinter der Kirche geht es links abwärts und dann links haltend zurück zum Anfangsabschnitt der Variante und zuletzt links abwärts wieder zur Kreuzung mit der Palme.

Der mit Naturstein gepflasterte Hangweg mit Geländer zur Linken bietet einen schönen Blick über das Mittelmeer. Bei einer Kreuzung gehen Sie geradeaus wie bei der folgenden unterhalb der Kapelle San Giuseppe ❷.

↳ Links führt der Stufenweg direkt abwärts zum Startpunkt Nuovo Molo (➲ 400 m, ⌛ 10 Min.).

An der folgenden linken Abzweigung – mit fünf Metalldeckeln zur Wasserleitung – gehen Sie links abwärts, schwenken unten nach links und wandern vorbei am Hotel Ericusa ❸, dem Heli-Landeplatz, dem Ristorante L'Airone und der alten Mole zurück zum Startpunkt am Fähranleger.

✕ L'Airone, Via Perciato snc, ☏ 38 91 13 15 93, sporadisch, oberhalb der alten Mole

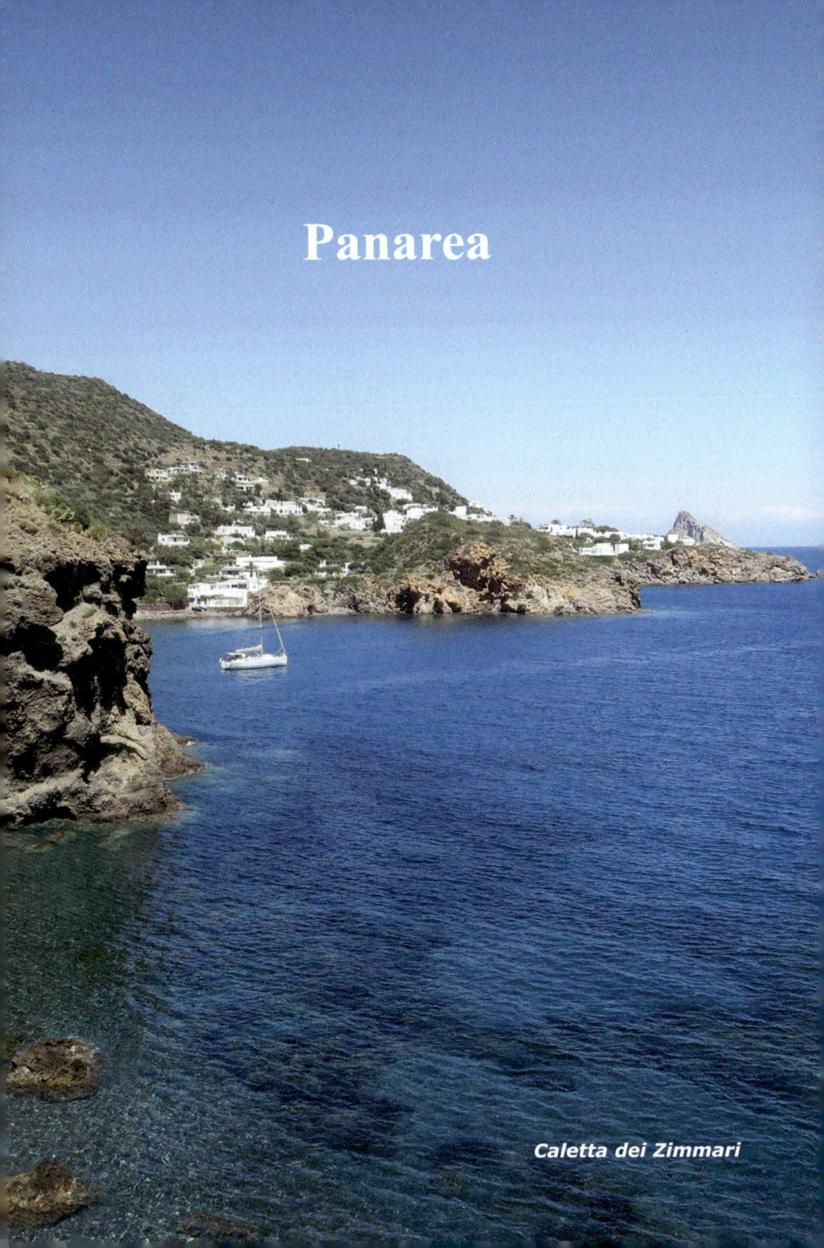
Panarea
Caletta dei Zimmari

Panarea gilt als Mekka der Schickeria – sozusagen das Schwabing oder St. Moritz der Liparen. Aber das betrifft nur die Hauptsaison, wenn die Reichen und Schönen (oder wer sich dafür hält) die Insel aufsuchen. Zu den mehr oder weniger regelmäßigen Panarea-Promis zähl(t)en Kate Moss, Prinzessin Caroline von Monaco, Gianni Agnelli, Francis Bacon, Rupert Murdoch, Paul Allen und Roman Abramovich – Letzterer mit seiner mehr als 100 m langen Privatjacht.

In der Nebensaison trifft man hier eher auf Tagesgäste, die stundenweise von Privatbooten ausgespuckt werden, sowie Wanderinnen und Wanderer. Mit einer Fläche von rund 3,5 $km^2$ und rund 250 Einwohnerinnen und Einwohnern ist Panarea die kleinste der Liparischen Inseln mit verhältnismäßig vielen Wanderwegen. Davon sind einige empfehlenswert und haben teilweise durchaus alpinen Charakter. Panarea (östlich) vorgelagert sind einige (unbewohnte) Inseln, die auf demselben submarinen Sockel liegen: Basiluzzo sowie Lisca Bianca und Lisca Nera. Der Vulkanismus auf Panarea endete vor rund 25.000 Jahren, während die Insel Basiluzzo noch vor 8.000 Jahren vulkanisch aktiv war.

Die rund zehn Hotels auf Panarea entsprechen mit ihrem Preisniveau dem Image der Insel als Urlaubsziel der Promis.

Hotel Lisca Bianca, Via Lani 1, 090/98 30 04, www.liscabianca.it, DZ mit F ab etwa € 120, Anfang April bis Ende Oktober, unten am Hafen gelegenes Dreisternehotel, das auch Hunde aufnimmt.

♦ Hotel Oasis Panarea, Via San Pietro, 090/98 33 38, www.hoteloasipanarea.com, DZ mit F ab € 80, ganzjährig, Viersternehotel oberhalb vom Ort gegenüber von den Carabinieri

B&B Für B&B gibt es knapp eine Handvoll Adressen auf der Insel:

♦ Da Luca, Via Iditella, 33 36 75 35 47, www.bed-breakfast-panarea.it, DZ mit F ab etwa € 80, beinahe ganzjährig, im Ortsteil Ditella, 500 m vom Hafen entfernt

Einkehrgelegenheiten gibt es vor allem am Hafen. Gleich am Bootsanleger empfängt Sie die Bar da Carola mit tollen Granite in eher seltenen Sorten (Kasten S. 128)

Der gehobene Anspruch von Panarea zeigt sich am Preisniveau der Gastronomie: Granita für etwa € 5 (sonst € 3) oder ein (eher übersichtlicher) Salatteller für mehr als € 10.

Da Pina, Via Comunale Mare, täglich 8:00-23:00, kleiner Lebensmittelladen unten am Hafen, etwa 50 m vom Schiffsanleger entfernt

Farmacia Sparacino, Via Iditella 8, 090/98 31 48

Panarea wird von Lipari aus oft mit Privatbooten angefahren, meistens in Verbindung mit Stromboli (im Paket etwa € 50). Die Überfahrt mit dem Schnellboot dauert etwa

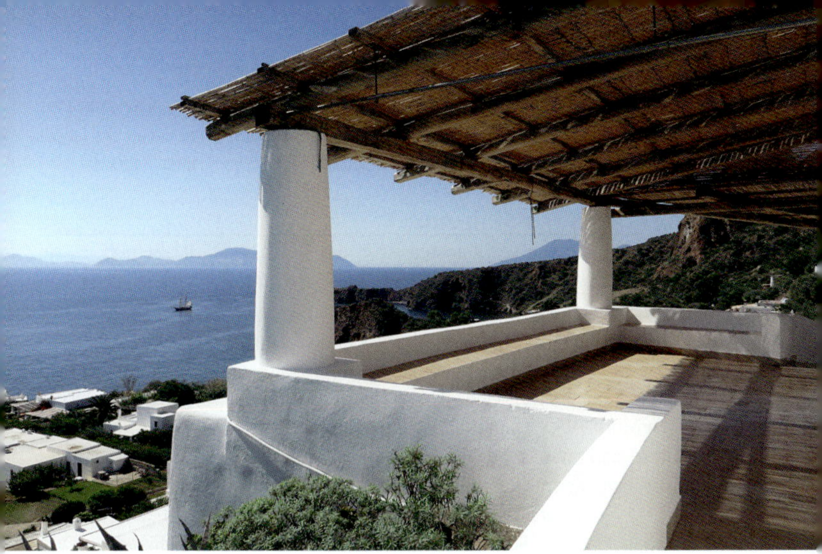

*Haus auf Panarea mit Blick auf Lipari*

1 Std. bis 1 Std. 30 Min., mit der Fähre 2 Std. (einfache Fahrt ca. € 9 bis 14). Die Schiffsverbindungen ab/nach Lipari:

- ab Lipari: Schnellboot täglich 8:30, 15:00 sowie Fr und So 16:25 (Ustica), Fähre Di und Fr 9:30 sowie Mo und Do 17:20
- ab Panarea zurück nach Lipari: Schnellboot täglich 8:00, 12:25, 16:45 sowie Fr und So 18:10, Fähre Di und Fr 15:10 sowie Mi und So 7:45.

Der Hafen von Panarea hat keine schützende Kaimauer und ist daher sehr wellenempfindlich. Schon bei geringem Wellengang und Wind aus vor allem südlicher bis östlicher Richtung können Schiffe hier nur mit Mühe oder gar nicht anlegen, manchmal mehrere Tage lang nicht. Daher immer Puffertage zwischen Aufenthalt und Rückflugdatum einplanen! Denn die Alternative, der Rücktransport per Heli mit Air Panarea, dürfte so manche Reisekasse sprengen (mindestens € 300 p. P.).
☏ 090/983 44 28, www.airpanarea.com

Auf Panarea gibt es einige Elektro-Taxis, z. B. Pantaxi Paolo & Angela, 33 33 13 86 10 oder Panarea Taxi, 33 84 93 12 07 und 33 84 68 59 94. Die Fahrt vom Hafen zum beliebten Strand Cala Zimmari kostet etwa € 10.

Panarea hat die schönsten Strände der Liparen, und daraus erklärt sich wohl auch die Beliebtheit. Wer sich allerdings Palmen und weiße Sandstrände vorstellt … weit gefehlt. Die Strände liegen schön in Felsbuchten – unterhalb vom Capo Graziano –

und bieten glasklares Wasser. Sie sind in der Regel sauber und weniger steinig als anderswo – der größte, **Caletta dei Zimmari**, hat sogar Sand zu bieten und ist gut zu erreichen, am südlichen Ende der Inselstraße (1,7 km vom Hafen entfernt).

## Autoverkehr auf Panarea

Auf den wenigen Straßen von Panarea ist in der Regel nicht viel Betrieb, es sei denn, eine Fähre legt an. Wenn man durch die engen Gassen wandert, muss man sich bei vorbeikommenden Gefährten schon sehr dünn machen, sodass man fast an der Wand klebt (dasselbe gilt für Stromboli).

Vorsicht bei motorisierten Fahrzeugen: Während die kleinen (stinkigen) dreirädrigen Moto-Apes kaum zu überhören sind, verhält es sich mit Elektroautos anders: Diese sind zwar besser für die Luftqualität, aber dafür kaum hörbar. Und von der Ökobilanz her dürften Elektroautos auf den Liparischen Inseln ihren knatternden Vorgängern mit Zweitaktmotoren (Moto-Ape) unterlegen sein, solange der Strom statt z. B. aus Fotovoltaikanlagen aus alten und wenig effizienten Dieselkraftwerken stammt, deren Kraftstoff mit Schiffen vom Festland herantransportiert wird.

## Granita – Frühstück auf sizilianische Art

Fast jede Bar auf den Inseln wirbt mit Granita, einer Art Sorbet, also Eis auf Wasserbasis, das seinen Ursprung in Sizilien hat. Hergestellt wird es aus Wasser, den entsprechenden Zutaten (Früchten) für die Geschmacksrichtung und (viel) Zucker. Das alles wird beim Gefrieren in gewissen Abständen gerührt. Granita ist eine herrliche Erfrischung bei heißem Wetter, vor allem in der Geschmacksrichtung *limone* (Zitrone). Andere häufig vorkommende Sorten sind Erdbeere, Pfirsich und Mandel. Beliebt zum Frühstück ist *granita di caffè*, oft mit Sahne (*panna*) und einer Brioche dazu gereicht. Etwas exotischere, aber ebenfalls typische Sorten sind Maulbeere, Feige und Kaktusfeige. Die Bar da Carola in Panarea serviert Raritäten wie Pfirsich mit Malvasia, Melone-Kaper, Zitrone-Minze, Kurkuma-Orange, Bergamotte, Kräuter oder Ingwer-Zitrone – Letzteres ein Geheimtipp bei vor/nach Bootsfahrten mit Seegang!

Woher der Name „Granita" kommt? Laut Wikipedia vom lateinischen Wort *granum* für Korn, was auf die körnige (kristallene) Konsistenz der sizilianischen Süßspeise hinweisen soll.

# 19 Auf die Punta del Corvo

*Tour für Gipfelstürmerinnen und Gipfelstürmer, die gerne die Landschaft genießen*

*Sie wandern im Prinzip rund um die (kleine) Insel Panarea und folgen dabei großteils dem Hauptkamm mit der 420 m hohen Punta del Corvo, dem ehemaligen (ostseitigen) Rumpf eines riesigen Stratovulkans. Dabei bieten sich grandiose Aussichten steil herunter auf das Meer. Der Weg hat im Verlauf des Kammes durchaus alpinen Charakter und erfordert daher ein Mindestmaß an Trittsicherheit, Schwindelfreiheit und Kondition. Und „Hitzeresistenz" an warmen Tagen, denn es gibt so gut wie keinen Schatten!*

- Start/Ziel: San Pietro, Hafen, GPS N 38°48,175' E 015°14,276'
- 7,8 km
- 3 Std.
- 515 m/515 m; An-/Abstieg überwiegend am Stück
- 2-420 m
- beim Pfad rot-weiß markiert, auf Straßen Wegweiser auf Kacheln (blaue Schrift auf weißem Grund)
- stellenweise felsiger Bergpfad mit vielen und hohen Stufen, am Anfang und Ende Gassen mit Motoape-Verkehr
- Einkehrgelegenheiten am Start/Ziel, in der Saison Restaurant hinter dem Strand Caletta dei Zimmari (km 6,2)
- keine Rastplätze/Sitzbänke, aber auf dem Bergkamm (km 2,9) aussichtsreiche Sitzgelegenheiten auf Steinen
- Laden am Start/Ziel in San Pietro
- Badestellen beim Capo Milazzese (km 5,5) – der zweite Strand (Caletta dei Zimmari) gilt als schönster der Liparischen Inseln.
- für Kinder wegen der tollen Aussichten, der nicht zu langen Strecke und der Badegelegenheiten geeignet. (Die hohen Stufen setzen aber eine gewisse Bergerfahrung voraus.)
- für Buggys wegen des steilen und felsigen An-/Abstiegs ungeeignet
- für Hunde wegen der vielen Felsen mit hohen Stufen und teilweise scharfen Kanten nicht optimal

Die Rundtour beginnt am Hafen von Panarea in San Pietro, dem Hauptort der Insel. Gleich nach dem Verlassen der Anlegebrücke nehmen Sie rechts von den Bars den Stufenweg aufwärts, der Sie nach 100 m an eine Straße führt, der Sie rechts folgen (weiße Kachel mit blauer Schrift: „Iditella 10'").

✝ Nach 50 m passieren Sie zur Rechten eine kleine, etwas heruntergekommene Kirche mit nettem Vorplatz. In dem Beichtstuhl der Kirche fühlt sich der Holzwurm wohl.

Sie folgen der Gasse nach der Kirche durch eine Linkskurve.

☝ 150 m nach der Kirche nehmen Sie bei einer Gabelung die rechts abzweigende Gasse (nordwärts), rechts vorbei an einem Haus mit großer Palme (Wegweiser „Iditella 5'/Calcarea 40'").

Nach 500 m führt der Weg vor einem Anwesen und bei Sträuchern und Olivenbäumen an eine Mauer heran (km 1, ⇧ 50 m). Hier folgen Sie dem betonierten Fußweg zwischen aufgeschichteten Steinen links leicht aufwärts, links neben dem Anwesen, und erreichen nach 100 m eine Kreuzung bzw. einen kleinen Fahrweg.

Sie folgen dem Fahrweg nach rechts in Serpentinen aufwärts und passieren rechts nach 300 m den umzäunten (und überraschend sauberen) kommunalen Fuhrpark der Müllabfuhr und kurz darauf das Abflugterminal von Air Panarea: zwei Hubschrauberlandeplätze.

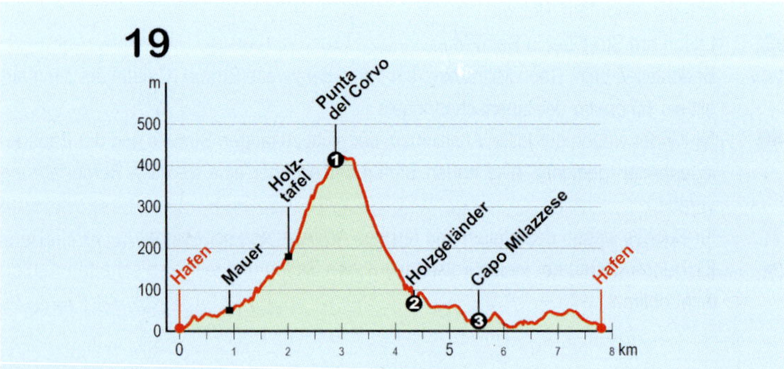

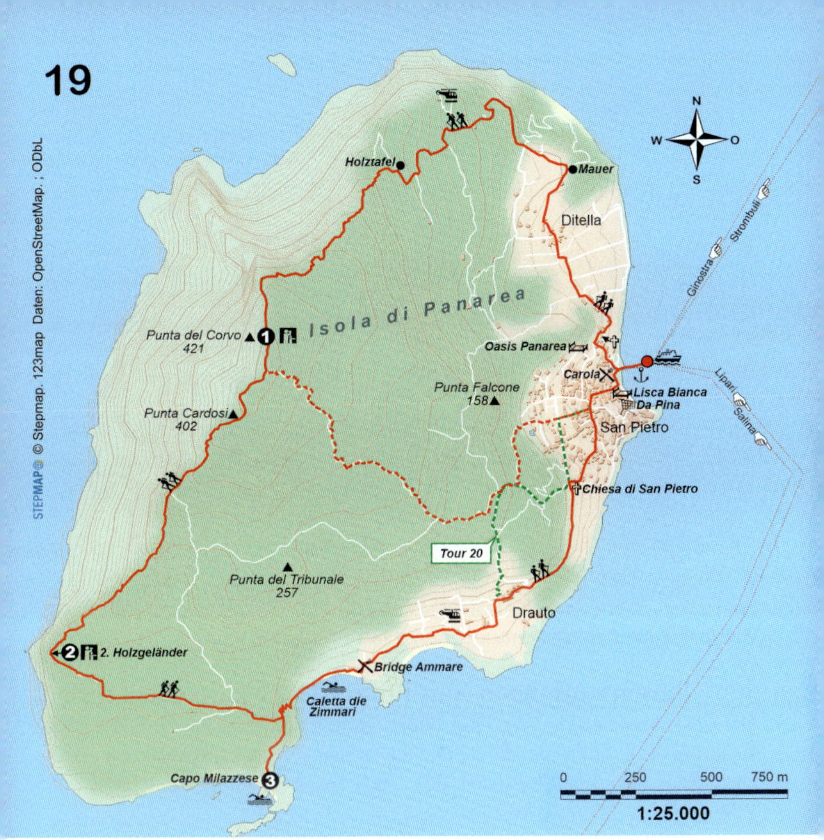


400 m nach den Helikopterlandeplätzen erreichen Sie eine Holztafel mit knappen Hinweisen zur Natur. Hier folgen Sie links dem Pfad, links an der Tafel vorbei. Der Pfad führt mit teilweise hohen Felsstufen steil aufwärts auf den Kamm und bietet tolle Aussichten auf die Westküste und zurück nach Stromboli. Die steile Westküste ist übrigens dadurch entstanden, dass der Hauptvulkan von Panarea vor langer Zeit westwärts in das Meer abrutschte, was einen enormen Tsunami verursacht haben muss. Der jetzige Kamm ist also die übrig gebliebene östliche Basis eines früheren großen Stratovulkans.

Nach 35 Min. steileren Anstiegs erreichen Sie den Gipfel **Punta del Corvo ❶** (km 2,9, ⇧ 421 m) mit schöner Aussicht. 100 m nach dem Gipfel ignorieren Sie den links abzweigenden Weg, der direkt nach San Pietro hinunterführt.

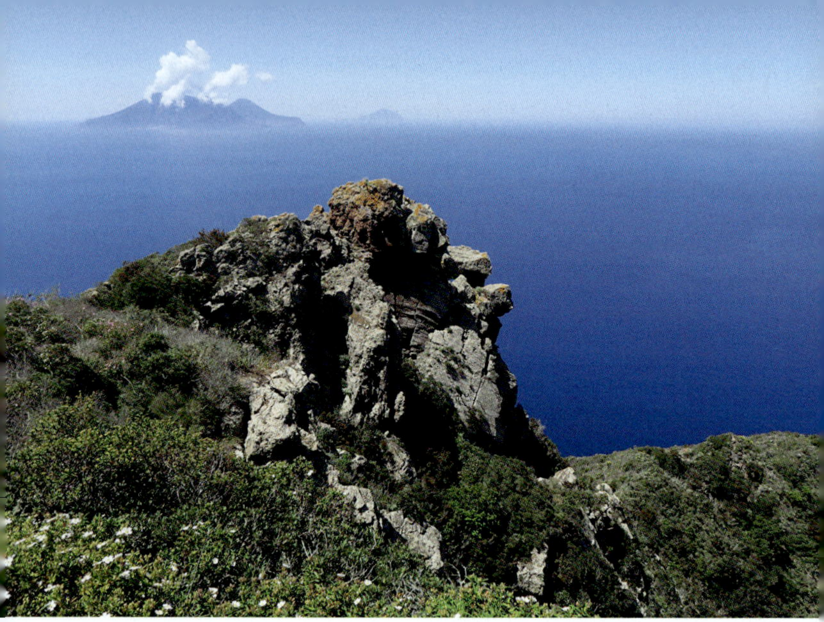

*Felsformation bei der Punta del Corvo mit Blick auf Salina*

### ↳ Abkürzung nach San Pietro (➲ 2,2 km bis zum Hafen)

Der links abzweigende Weg führt direkt abwärts nach San Pietro. Er ist etwas steiler als die beschriebene Route und Sie versäumen das Capo Milazzese, erreichen dafür aber schneller den Hafen; nach knapp 1 Stunde statt sonst rund 2 Stunden.

Sie wandern geradeaus weiter und folgen dem Weg, der – mit toller Sicht nach Salina und zu den weißen Bimssteinfelsen von Lipari – südwärts über den Kamm und schließlich hinunterführt.

Unterwegs passieren Sie zwei schöne Aussichtplateaus mit Holzgeländer.

Nach dem zweiten Holzgeländer ❷ (km 4,4, ⇧ 110 m) schwenkt der Weg nach links und führt weniger steil direkt auf die schon sichtbare Halbinsel Capo Milazzese zu, den Südzipfel von Panarea. Der Weg war früher ein Zugang zu den links an den Hängen sichtbaren ehemaligen Terrassen – die Südhänge wurden alle landwirtschaftlich genutzt.

Nach 20 Min. stoßen Sie kurz nach einer „Eselsperre" auf einen gut ausgebauten Küstenweg an der Ostküste (km 5,2, ⇧ 50 m). Dieser fast promenadenartige Weg verbindet den links unten liegenden Strand mit dem Capo Milazzese. Dorthin folgen Sie dem Weg nach rechts – mit tollem Blick auf das klare türkisblaue Wasser zur Linken.

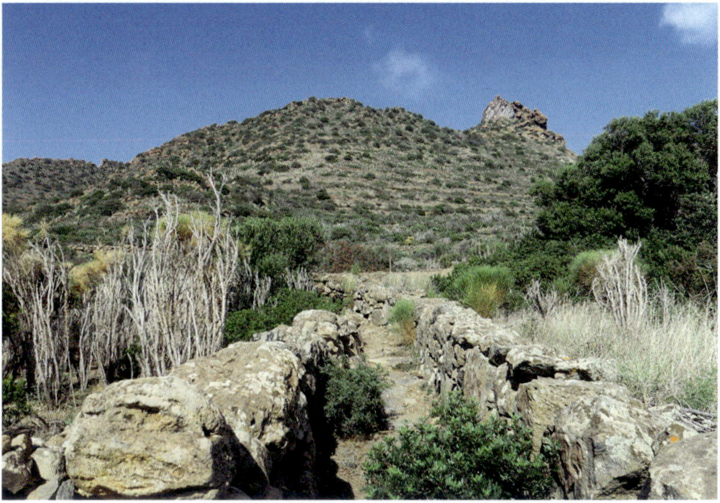

*Alte Terrassen auf Panarea*

Nach 200 m betreten Sie über die schmale Landbrücke die felsige Halbinsel Capo Milazzese ❸, auf deren Plateau im Jahr 1948 Fundamente und Mauern von 23 bronzezeitlichen Hütten freigelegt wurden (Info ☞ Tour 20).

Rechts unterhalb vom Capo Milazzese liegt ein Steinstrand in einer romantischen Bucht, der Cala Junco, deren Idylle oft von Jachten und Ausflugsbooten gestört wird. Badelatschen erleichtern den Badegenuss und erhöhen die Sicherheit, denn (sehr!) vereinzelt wurde von Seeigeln und (giftigen) Steinfischen berichtet. Der Autor hat aber nie welche gesehen – im Gegensatz (leider!) zu den häufigen **Leuchtquallen**, die wie anderswo im Mittelmeer als Folge der Überfischung und steigender Meerestemperaturen leider stark zunehmen und bei Berührung leichte bis mittelschwere Verbrennungen verursachen können.

☺ Nach Kontakt mit Leuchtquellen hilft am besten lokale Erhitzung der betroffenen Hautpartien auf über 40 °C und damit die Zersetzung der Giftenzyme (etwa mit Anti-Mücken-Stick oder heißem Wasser). Alternativ sind auch Säuren wie Zitrone oder Essig lindernd (wenn auch nur oberflächlich).

Zurück geht es auf der Küstenpromenade Richtung Norden und hinab zum nächsten Strand, der nicht ganz so schön liegt, aber dafür den feinsten Sand der Liparischen Inseln bietet.

Strand Caletta dei Zimmari, wegen seines Sandes und der relativ guten Erreichbarkeit (auf der Straße 1,7 km vom Hafen entfernt) der beliebteste der Liparischen Inseln.

Für den Rückweg nach San Pietro sollten Sie knapp 30 Min. einkalkulieren.
Sie queren den Strand und folgen am Nordende der Insel-Hauptstraße Richtung San Pietro.

Bar-Ristorante Bridge Ammare, Via Drautto, Mai bis Anfang Oktober täglich 11:00-0:30, am Nordende des Strands

Wenn Sie zeitlich knapp dran sind, bietet sich für die letzten 1,7 km zum Hafen ein (Elektro-)Taxi an (☞ Seite 127).

Sie ignorieren zunächst die Abzweigungen und folgen nach 1,3 km an der Rückseite der (sehenswerten) Kirche San Pietro der Straße nach rechts.

schöner Kirchenvorplatz mit Blick auf die unbewohnten Inselchen

Die Straße macht nach 30 m bei der Kirche einen Linksschwenk und führt dann abwärts zum Hafen.

# ⑳ Wanderung zum Capo Milazzese

*Tour für Landschaftsgenießerinnen und Landschaftsgenießer*

*(Spaziervariante)*

*Diese kurze Wanderung ist von der Länge (bzw. Kürze) eher ein Spaziergang. Ein kleiner Abschnitt über alte Treppenwege stellt (geringe) Anforderungen an Trittsicherheit und Kondition.*

*Sie können aber auch darauf verzichten und stattdessen mit einem reinen Spaziergang die wichtigsten Punkte Panareas in knapp 1 bis 2 Std. erkunden: Strand und bronzezeitliche Siedlung Capo Milazzese.*

- Start/Ziel: San Pietro, Hafen, GPS N 38°38,277' E 015°04,687'
- 4,8 km
- 2 Std.
- 250 m/250 m; An-/Abstieg überwiegend am Stück
- 2-150 m
- am Pfad rot-weiß markiert, auf Straßen blau-weiße Schilder
- großteils durch Gassen mit Motoape-Verkehr, kurzzeitig auch über Pfade mit einigen Stufen und Felsen
- Einkehrgelegenheiten am Start/Ziel, in der Saison Restaurant hinter dem Strand Caletta dei Zimmari
- keine Rastplätze/Sitzbänke, aber nette Sitzgelegenheiten am Caletta dei Zimmari
- Laden am Start/Ziel in San Pietro
- Caletta dei Zimmari (km 1,9 bzw. km 3), der als schönster Strand der Liparischen Inseln gilt, und Badestellen beim Capo Milazzese (km 2,4)
- Für Kinder gut geeignet: nicht zu lang und abwechslungsreich, außerdem gibt es Badegelegenheiten.
- Für Buggys ist der Weg gut geeignet, wenn man die kurze Passage mit Stufen auslässt und stattdessen die Spaziervariante nimmt.
- Hunde können/dürfen mit, sollten allerdings am Strand angeleint werden.

Von der Hafenmole kommend halten Sie sich erst links, um nach 50 m, vor dem Hotel-Restaurant Lisca Bianca, der Hauptstraße nach rechts ins Landesinnere zu folgen. Nach der Linkskurve wandern Sie auf der Straße geradeaus, vorbei an einem kleinen Laden und einem Bäcker zur Linken. Nach 5 Min. folgen Sie der Straße vor der Kirche San Pietro durch die Rechtskurve ❶ (km 0,4, ⇧ 35 m).

✝ schöner Kirchenvorplatz mit Blick auf die unbewohnten Inselchen

30 m nach der Kirche erreichen Sie die Hauptstraße von Panarea, ebenfalls eine kleine Gasse. Hier gehen Sie wenige Meter nach links (Kachelschild „Villaggio Preistorico, Cala di Junco"), um dann nach 10 m rechts den Pfad zu nehmen (Schriftzug „La Capperaia"). Sie gehen über Stufen aufwärts durch den Durchlass in der Mauer (nach 20 m Holzschild „Pizzo Corvo") und auf einem Treppenweg mit Leuchten am Anfang aufwärts.

## Spaziervariante zur bronzezeitlichen Siedlung Capo Milazzese und zum Strand

(➲ 1,3 km, ↑↓ 20 m)

Wenn Ihnen heute mehr nach Strand (und Kultur) und weniger nach Wandern ist, folgen Sie der Straße nach links und erreichen nach 20 Min. den Strand Caletta dei Zimmari. Dadurch ersparen Sie sich die größte Steigung (70 Hm) dieser Wanderung.

Nach 5 Min., 30 m nach einer alten Zisterne, folgen Sie bei einer Gabelung dem Pfad halb rechts aufwärts. Er ist kurzzeitig weniger steil, ehe Sie eine kurze Kletterpartie über einige Steine bzw. hohe (Stein-)Stufen erwartet, die sich gut mithilfe der Hände meistern lässt. Kurz darauf passieren Sie eine weitere alte Zisterne, halten sich bei der nach 20 m folgenden Gabelung links (altes Holzschild „Pizzo Corvo") und folgen dem Pfad neben der Steinmauer aufwärts.

Nach 80 m bzw. nach einer Linkskurve gabelt sich der Weg: die rechte (rot-weiß markierte) Variante führt Richtung Pizzo Corvo. Sie aber folgen dem Pfad südwärts am Hang entlang, auf etwa gleichbleibender Höhe, mit schönem Blick auf die Ostküste Panareas. Nach gut 100 m führt der Pfad in südlicher Richtung abwärts in 10 Min. zur „Hauptstraße" der Insel, der Sie rechts (bzw. geradeaus in Gehrichtung) folgen, in Richtung Caletta dei Zimmari und Capo Milazzese. Nach 700 m erreichen Sie den Strand ❷ mit einer Einkehrgelegenheit links davor (km 1,9, ⇧ 5 m):

✕ Bar-Ristorante Bridge Ammare, Via Drautto, Mai bis Anfang Oktober täglich 11:00-0:30

Caletta dei Zimmari, wegen seines Sandes und der relativ guten Erreichbarkeit (auf der Straße 1,7 km vom Hafen entfernt) der beliebteste Strand der Liparischen Inseln

Um zur bronzezeitlichen Siedlung Capo Milazzese zu gelangen (10 bis 15 Min.), queren Sie den zunächst sandigen, später steinigen Strand und folgen am anderen Ende dem in Serpentinen aufwärtsführenden Fußweg. Nach der Steigung ignorieren Sie den bei großen Steinen rechts abzweigenden Weg und gehen geradeaus auf einer Art „Küstenpromenade" südwärts – mit tollem Blick auf das klare, türkisblaue Wasser zur Linken. Nach 200 m betreten Sie über die schmale Landbrücke die felsige Halbinsel Capo Milazzese ❸, auf deren Plateau im Jahr 1948 Fundamente und Mauern von 23 Hütten freigelegt wurden (km 2,4).

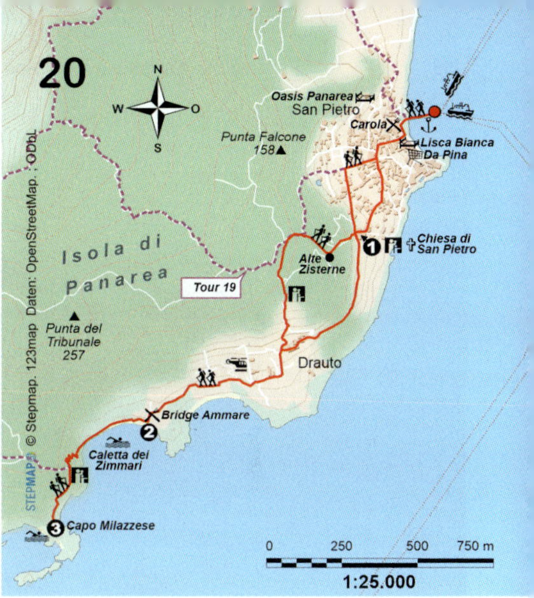


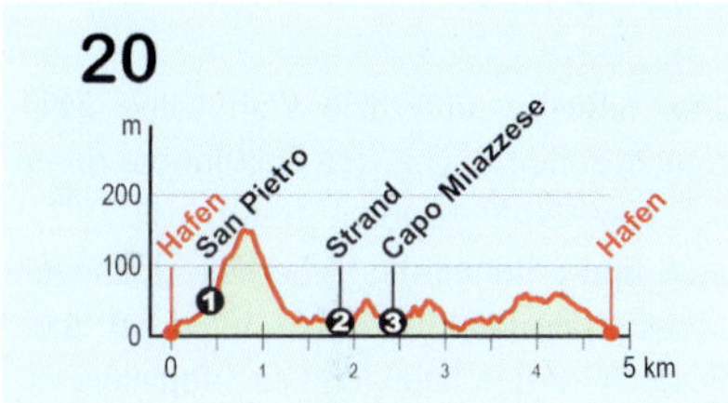


## Bronzezeitliche Blüte auf Panarea

Die strategisch günstig gelegene bzw. leicht zu verteidigende Halbinsel **Capo Milazzese** war in der mittleren Bronzezeit (1400-1270 v. Chr.) neben dem Burgberg auf Lipari und Capo Graziano auf Filicudi einer der bevorzugten Siedlungsorte des Archipels. Der Name „Milazzese" kommt von der sizilianischen Herkunft dieser frühen Siedlerinnen und Siedler (Milazzo). Die bronzezeitliche Blüte wurde durch einen Vulkanausbruch und die Invasion der aus Mittelitalien kommenden Ausonier jäh beendet. Ausgrabungsfunde vom Capo Milazzese können im Archäologischen Museum von Lipari-Stadt besichtigt werden (☞ Tour 1).

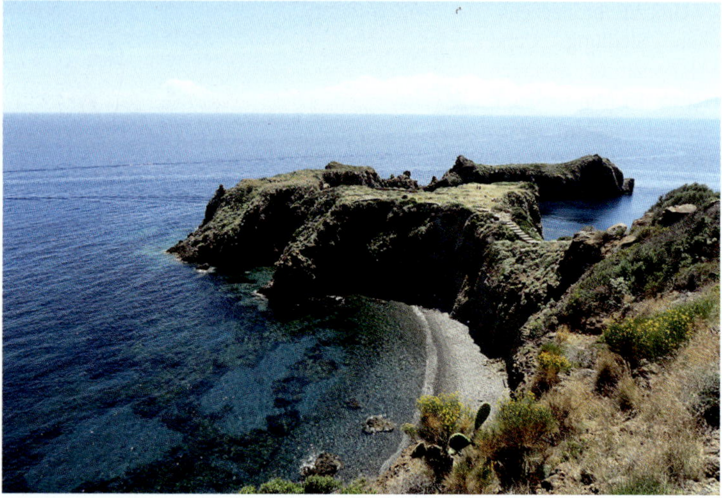

*Capo Milazzese*

Rechts unterhalb vom Capo Milazzese liegt ein Steinstrand in einer romantischen Bucht, der Cala Junco, deren Idylle nur von Jachten und gelegentlich von Ausflugsbooten gestört wird. Badelatschen erleichtern den Badegenuss und erhöhen die Sicherheit, denn (sehr!) vereinzelt wurde von Seeigeln und Steinfischen berichtet. Der Autor hat aber nie welche gesehen – im Gegensatz (leider!) zu den häufigen Leuchtquallen.

Zurück geht es wie beim Hinweg auf der „Küstenpromenade" zum Strand Caletta dei Zimmari und weiter geradeaus auf der Straße Richtung Hafen. 1,3 km nach dem Strand (km 4,3, ⇧ 45 m), direkt nach der Rückseite der Kirche, folgen Sie der Straße geradeaus und halten sich nach 200 m rechts, um auf der Hauptstraße abwärts zum Hafen zu gehen.

Falls Sie am Strand Caletta dei Zimmari verweilen wollen, beachten Sie, dass der Rückweg zum Hafen in San Pietro etwa 30 Min. dauert.

Wenn Sie zeitlich knapp dran sind, bietet sich für die 1,7 km (etwa 30 Min.) zum Hafen ein (Elektro-)Taxi an.

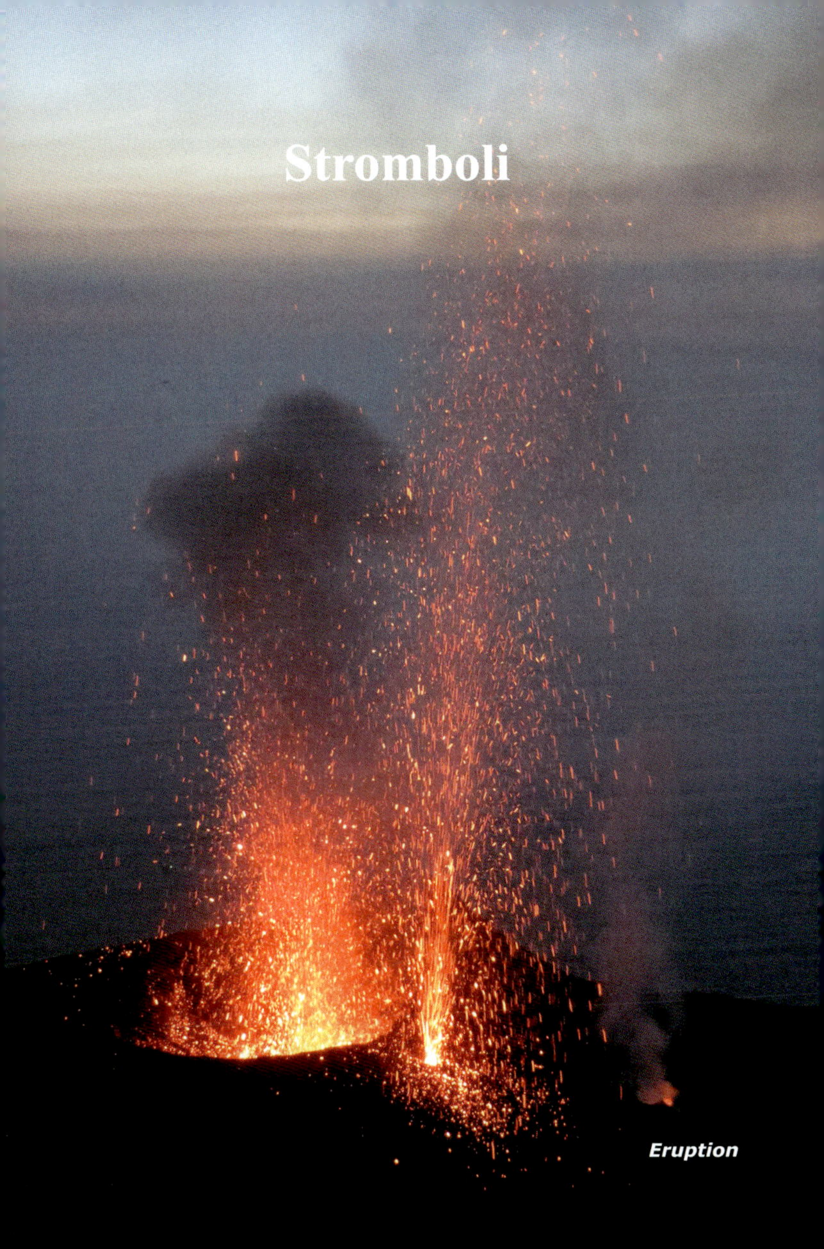
Stromboli
Eruption

Stromboli lässt das Herz eines jeden Vulkanfans höherschlagen! Diese Insel besteht im Prinzip aus einem großen malerischen Vulkankegel, der sich majestätisch aus dem Meer erhebt. Und dieser Vulkan ist einer der wenigen weltweit, die seit mehr als 2.000 Jahren quasi ununterbrochen aktiv sind. Bei normaler, sogenannter „strombolianischer" Aktivität sind mehrmals die Stunde feurige Eruptionen von mehr als 100 m Höhe zu erwarten. Die Besteigung des Vulkans ist seit 2019 untersagt, aber für den Fall der Wiedereröffnung – obligatorisch immer mit Guide – dennoch knapp beschrieben (☞ Bonustour).

✋ Egal, wo und wie man auf den Vulkan steigt, gilt eine Obergrenze von 280 m. Oberhalb dieser Grenze (bis max. 400 m) darf man nur mit autorisierten Guides gehen (Stand: 2023).

Es gibt zwei Häfen auf der Insel: im Hauptort Stromboli sowie in Ginostra, einer kleine Siedlung. Der Insel vorgelagert ist der **Strombolicchio**, ein kleines Felseiland mit markantem Leuchtturm. Als ehemaliger, verstopfter Vulkanschlot ist Strombolicchio Rest einer Insel, die sich vor 233.000 Jahren gebildet hatte, während der heutige Vulkan vor etwa 85.000 Jahren entstanden ist.

Der Tourismus auf Stromboli begann 1949 mit dem Film „Stromboli, Terra di Dio" (Infokasten ☞ Tour 21), bekannt geworden durch die Liaison von Regisseur (Roberto Rosselini) und Hauptdarstellerin (Ingrid Bergmann). Heute leben fast alle der rund 400 Einwohnerinnen und Einwohner mehr oder weniger direkt vom Tourismus. Der Hauptort rund um die Kirche San Vincenzo liegt oberhalb vom Hafen und ist Startort beider Wandertouren.

☺ Auf der ganzen Insel gibt es kaum Straßenbeleuchtung, daher Taschenlampe nicht vergessen, am einfachsten als Stirnlampe!

## Strombolianische Ausbrüche

Der Stromboli „speit" regelmäßig glühende Lavafetzen aus, die nachts als spektakuläre Feuerfontänen (mehr als 100 m hoch) weithin sichtbar sind. Gemittelt finden etwa drei bis vier solcher Ausbrüche pro Stunde statt, aber es gibt auch längere Ruhephasen, genauso wie gefährliche Ausbrüche (Explosionen) mit dem Auswurf von metergroßen vulkanischen „Bomben" und erheblichen Schäden in den Orten (durchschnittlich alle 10 Jahre) als Folge. Bei Eruptionen nach Weihnachten 2002 gab es über 1 km hohe Lavafontänen; die Insel Stromboli musste für zwei Monate evakuiert werden. Die stärkste bisher bekannte Eruption wurde

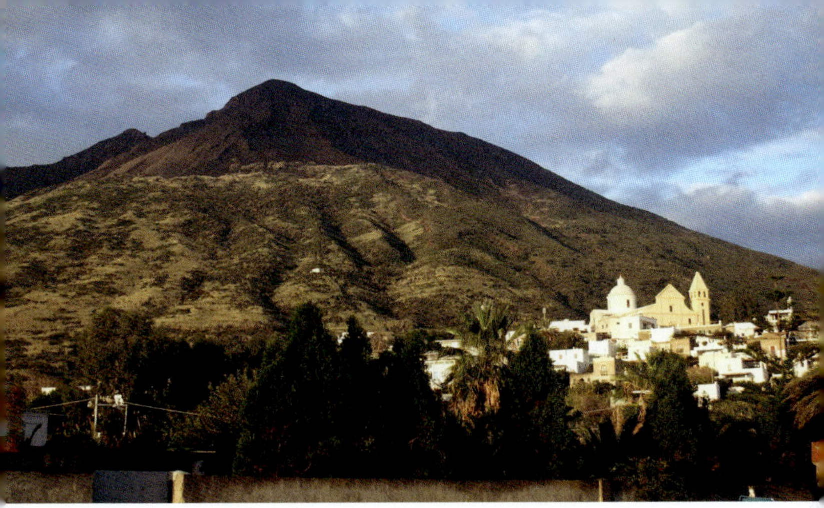

*Stromoboli-Vulkan und San Vincenzo*

1930 von dem Schweizer Vulkanologen Alfred Rittmann beobachtet, der bis zu 30 t schwere Bomben beschrieb – so schwer wie ein Lkw!

Wie kommt es zu den regelmäßigen Eruptionen? Gasreiche Magma steigt aus 50 bis 100 km Tiefe durch einen Schlot auf. Durch nachlassenden Druck perlt das zuvor flüssige, gelöste Gas aus. Durch diese Zustandsänderung nimmt das Volumen zu, wodurch der Aufstieg des Magmas beschleunigt wird. Infolge dieser Kettenreaktion kommt es an der Oberfläche bzw. am Krater durch Druckausgleich zum Knalleffekt – wie bei Sektkorken. Danach sinkt die Magmasäule ab und reichert sich in der 1 km tiefen Magmakammer wieder mit Gas an – der Zyklus kann von Neuem beginnen. Im Durchschnitt fördert der Stromboli täglich 700 $m^3$ Lava zutage – das entspricht dem Volumen von zwei Einfamilienhäusern! Das meiste davon fällt in den Schlot zurück.

🛏 Stromboli bietet rund zehn Hotels, von denen die meisten nur von April bis Oktober geöffnet sind. Als Beispiel seien zwei Hotels genannt, die direkt am Wasser liegen und auch Hunde aufnehmen:

🛏✕ Villaggio Stromboli, Via Regina Elena 38, ☏ 090/98 60 18, 💻 www.villaggiostromboli.it, DZ mit F ab € 110. Dreisternehotel direkt an der Küste, 2 km vom Hafen entfernt. Das Hotel besteht aus mehreren traditionellen Gebäuden mit Terrassen und Innenhof dazwischen. Im Restaurant erinnern Fotos an den Bergmann-Film, für den einige Szenen nahe dem Hotelstrand gedreht wurden.

Ossidiana, Via Marina 18, ☏ 090/98 60 06, www.hotelossidiana.it, DZ ab etwa € 80 zzgl. F, kostenloses WLAN, Dreisternehotel direkt am Hafen

**B&B** Es gibt mehr als zehn private Zimmervermieter, darunter auch einige in Ginostra, die meisten aber im Hauptort bei San Vincenzo, etwa:

♦ Il Giardino Segreto, Via Francesco Natali, ☏ 090/98 62 41, 33 18 41 82 59, giardinosegretobb@gmail.com, www.giardinosegretobb.net, DZ mit F ab etwa € 60, B&B in einer versteckten Gasse oberhalb von San Vincenzo, 1 km vom Hafen entfernt, geführt von Antonio Aquilone, einem der dienstältesten Vulkanguides

**B&B** La Lampara, Via Vittorio Emanuele, ☏ 090/98 64 09, www.lalamparastromboli.com, DZ mit F ab € 60, ganzjährig, B&B mit 5 Zimmern und Restaurant in ruhiger Lage nahe San Vincenzo, 1 km vom Hafen entfernt

Einkehrgelegenheiten gibt es mehrere zwischen Schiffsanleger und der Kirche San Vincenzo. Am Kirchenvorplatz bietet die Bar Ingrid mit ihren Terrassen eine tolle Aussicht bis hinüber nach Strombolicchio.

kleiner Supermarkt an der Hauptgasse 30 m unterhalb der Kirche San Vincenzo

Farmacia Francesca Simone, Via Roma, 34 71 84 03 22, Apotheke (auch mit homöopathischen Mitteln) neben der Kirche S.Vincenzo

Stromboli wird von Lipari aus oft mit privaten Ausflugsbooten angefahren (Tagestour ab etwa € 50) sowie mit öffentlichen Schiffen, die teilweise auch den kleinen Hafen von Ginostra anlaufen. Die Überfahrt mit dem Schnellboot dauert 1 bis 2 Std., mit der Fähre 3 Std. (einfache Fahrt ca. € 16 bis 24). Die Schiffsverbindungen ab/nach Lipari (via Panarea):

♦ ab Lipari: Schnellboot täglich 8:30, 15:00, Fähre Di und Fr 9:15 sowie Mo und Do 17:20 (Siremar)

♦ zurück nach Lipari: Schnellboot täglich 7:15, 11:40, 16:15, Fähre Mi und Sa 6:15, Di und Fr 13:30

♦ Fährverbindung von/nach Neapel (etwa 11 Std. 30 Min., ca. € 64) 2-mal wöchentlich: ab Stromboli Mo und Do 22:00, ab Neapel Di und Fr 20:00

Der Hafen von Stromboli hat keine schützende Kaimauer und ist daher sehr wellenempfindlich. Schon bei geringem Wellengang und Wind aus vor allem südlicher bis östlicher Richtung können hier kaum Schiffe anlegen, manchmal mehrere Tage lang nicht. Daher immer mehrere Puffertage (mindestens zwei) zwischen Stromboli-Aufenthalt und Rückflugdatum einplanen!

Die Alternative, der Rücktransport per Heli mit Air Panarea, dürfte so manche Reisekasse sprengen (mindestens € 300 p. P.). ☏ 090/983 44 28, www.airpanarea.com

Badestrand bei Ficogrande, allerdings etwas steinig

# 21 Panoramaweg zur Sciara del Fuoco und zum Osservatorio

*Tour für Landschaftsgenießerinnen und Landschaftsgenießer*

*Diese Rundwanderung ist ein leichteres, aber ebenfalls lohnendes Programm für die Insel Stromboli und beginnt zunächst wie die vorangegangene Tour. Sie kommen dem Vulkan zwar nicht so nahe wie bei der Bonustour zum Gipfel, können die Eruptionen aber vom Osservatorio und den Plattformen bei der Sciara del Fuoco auch gut erkennen. Und Sie sehen mehr von den Siedlungen auf der Insel. Weiterer Vorteil: Sie brauchen keinen Guide, da Sie unter der Höhenlinie von 400 m bleiben.*

Start/Ziel: Stromboli, Hafen (Ortsteil Scari), GPS N 38°47,864' E 015°14,381', oder Kirche San Vincenzo, GPS N 38°48,175' E 015°14,276'

9,5 km

3 Std. 30 Min.

435 m/435 m; An-/Abstieg überwiegend am Stück

2-295 m

selten Wegweiser

Pfade über Sand und mit Stufen, später auch gepflastert, am Anfang und Ende Gassen mit Motoape-Verkehr

Einkehrgelegenheiten am Start/Ziel, z. B. Bar Ingrid (km 0,7) sowie Pizzeria Osservatorio (km 5,7)

Rastplatz/Sitzbänke auf dem ersten Drittel des Weges (km 1,8 und km 2,8)

kleiner Supermarkt und andere Läden am Start/Ziel, etwas unterhalb von S. Vincenzo in der Via Roma

für Kinder gut geeignet: tolle Aussichten, nicht zu lang, nette Einkehrmöglichkeit am Weg, allerdings ist der Weg infolge von Bergrutschen stellenweise schwierig zu gehen.

für Buggys wegen einiger Stufen ungeeignet

Hunde können mitkommen, sollten aber nicht zu ängstlich sein, weil im Bereich der Sciara del Fuoco und des Osservatorio gelegentlich das Grummeln des Vulkans zu hören ist.

Infolge sehr starker Regenfälle im Sommer 2022 rutschten Teile des Hangweges ab, der infolgedessen monatelang gesperrt war. Der Weg wurde wiederhergestellt, ist aber immer noch beschädigt und nach Regenfällen immer wieder kaum passierbar.

Zwischen dem Panoramaweg und der Straße zum Osservatorio wurde ein neuer Querpfad angelegt (☞ Karte). Beachten Sie vor Ort die aktuellen Hinweise zu möglichen Wegsperrungen!

☺ Ideal ist es, die Wanderung mit einem Abendessen in der Pizzeria Osservatorio zu kombinieren, weil man dort von der Terrasse im Dunkeln die Vulkanausbrüche besonders gut beobachten kann. Das restliche Stück von der Pizzeria zum Startpunkt verläuft ausschließlich über Fahrwege, ist also auch im Dunkeln (mithilfe einer Taschenlampe) gut zu gehen. Am besten beginnen Sie die Wanderung etwa 3 Std. vor Sonnenuntergang.

Von der Hafenmole kommend folgen Sie der Straße bei der Zapfsäule nach rechts. Nach 50 m, bei den Fahrkartenschaltern (Liberty Lines, Siremar), nehmen Sie die halb links aufwärtsführende Gasse und folgen ihr 500 m hinauf zur Kirche San Vincenzo mit dem großen, aussichtsreichen Vorplatz und der Bar Ingrid (km 0,7, ⇧ 70 m).

✕ Ritrovo Ingrid, Piazza San Vincenzo, Anfang April bis Ende Oktober täglich

Sie nehmen vor der Kirche San Vincenzo, bei der Apotheke, die kleine Gasse links aufwärts (Via Francesco Natoli) und kommen nach 300 m links an dem pastellfarbigen Gebäude der Zivilschutzbehörde und der wissenschaftlichen Überwachungsstation vorbei. Kurz darauf halten Sie sich bei einer Gabelung rechts und folgen dem Weg durch die Rechtskurve und über Stufen aufwärts. Nach 250 m zweigt nach rechts zwischen hohem Canna-Gras ein wenige Meter langer ↳ Abstecher zum alten Friedhof ab (km 1,5, ⇧ 120 m), der um 1900 aufgelassen wurde und dessen Grabsteine inzwischen verfallen oder/und zugewuchert sind.

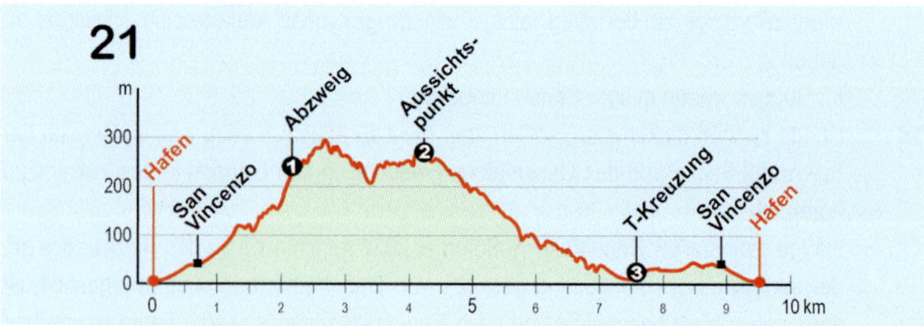

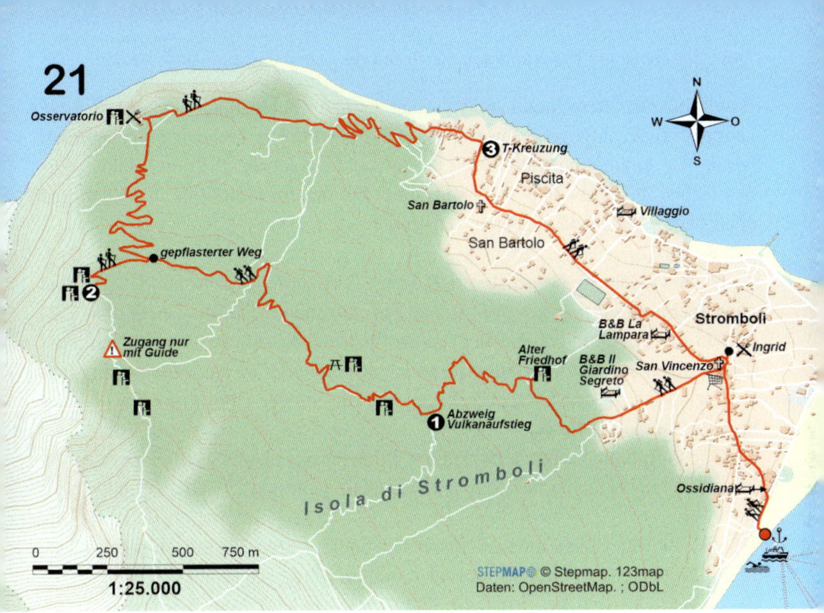


schöner Ausblick vom alten Friedhof auf die Ortsteile San Vincenzo, Ficogrande und Piscita, den neueren Friedhof sowie Strombolicchio

Links vorbei am Friedhof folgen Sie weiter dem Pfad aufwärts – durch dichten Vegetationsgürtel mit Canna-Gras.

## La Canna – Spanisches Rohr/Pfahlrohr

**La Canna** heißt das schilfartige Gras, auf Deutsch Pfahlrohr, Riesenschilf oder „Spanisches Rohr". „Spanisches Rohr" kennt heute kaum noch jemand in Zeiten eher antiautoritärer Erziehung. In der „guten alten Zeit" aber gehörten die Stängel zum Standardinventar von Schulen: als Rohrstock.

Die violett blühende Canna (lat. *Arundo donax*) gilt mit einer Höhe von bis zu 5 m und einer Halmdicke von bis zu 2 cm als mächtigstes Nutzgras Europas. Als Ursprungsregion werden Südostasien oder der Orient vermutet.

Canna gedeiht am Mittelmeer in Feuchtgebieten, am Ufer sowie am Sandstrand. An den Hängen des Stromboli erhält es das Wasser großteils durch Kondensation: Wassertröpfchen setzen sich bei nächtlicher Abkühlung der Luft an den Halmen ab. Angelegt wurde die in Reihen gepflanzte Canna als Erosions- und

Windschutz für Wein- und Landwirtschaft auf den staubigen Sandhängen. Seit die Landwirtschaft aufgegeben wurde, hat sich die Pflanze um den ganzen Krater herum wie in anderen Mittelmeergebieten wild ausgebreitet. Canna-Halme wurden früher als Trenn- und Terrassenzäune, Dächer, für Hütten, (Pan-)Flöten und eben pädagogische Maßnahmen verwendet …

Nach 15 Min. teilweise steilen Aufstiegs über hohe Stufen mündet der Pfad nach rechts in ein kleines, von Sträuchern umgebenes Plateau ein ❶ (km 2,2, ⇧ 245 m). Während der Aufstieg auf den Vulkan links aufwärtsführt (☞ Bonustour), folgen Sie dem Weg auf etwa gleichbleibender Höhe am Hang entlang, mit schöner Sicht auf den Ortsteil S. Bartolo mit der infolge eines Erdbebens baufälligen Kirche San Bartolo.

Der Weg führt Sie noch ein kurzes Stück hinauf, ehe es nach einem Rechtsbogen auf einen Kamm mit nettem Pausenplatz geht (km 2,8, ⇧ 280 m).

Tisch und Bank an aussichtsreicher Stelle: letzter Blick nach rechts Richtung San Vincenzo und Strombolicchio, ehe der Weg scharf links abzweigt

Auf der anderen Seite des Kammes folgen Sie dem Weg nach einer scharfen Linkskurve abwärts, um ein kleines Seitental zu queren, ehe es nach 10 Min. durch ein noch tieferes Seitental geht. Gut 25 Min. nach dem Rastplatz stoßen Sie auf einen gepflasterten Weg (km 3,8, ⇧ 250 m) – angelegt 1949 für die Dreharbeiten zum Film „Stromboli“ (s. u.), der bis 2002 als Zugang zum Aufstieg auf den Vulkan diente. Der Weg führt nach rechts in vielen Kurven hinunter zu dem bereits sichtbaren Gebäude des Osservatorio. Aber vorher lohnt es sich, mindestens zwei Kurven nach links aufzusteigen, um so den Blick auf die Sciara del Fuoco und den Vulkan genießen zu können.

In der zweiten scharfen Linkskurve (mit Geländer) haben Sie alles Wesentliche im Blick ❷ (km 4,1, ⇧ 280 m):

Aussicht nach oben auf den oberen Rand einiger Krater. Rauchwolken sind fast immer, bei Dämmerung bzw. Dunkelheit auch Eruptionen, zu sehen. Nach unten erstreckt sich ein riesiger Abhang von Lavasand, genannt **Sciara del Fuoco** („Feuerrutsche“), weil hier alle paar Jahre nach besonders starken Eruptionen glühende Lava hinunter ins Meer fließt. Die um 5.000 v. Chr. entstandene Sciara del Fuoco ist oben 300 m und unten 1,3 km breit und reicht bis 700 m tief unter den Meeresspiegel.

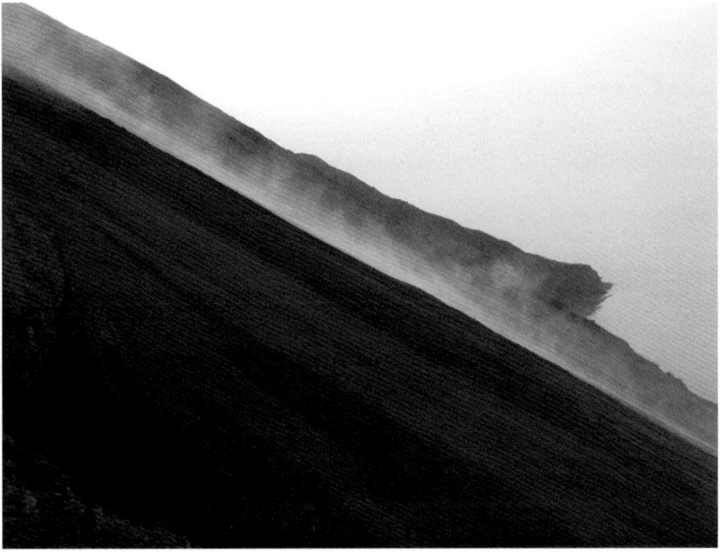

*Sciara del Fuoco*

Etwas weiter oben liegt auf der Seitenflanke ein weiterer Beobachtungspunkt bei einer Plattform, in deren Nähe Messinstrumente installiert sind. Wegen der derzeitigen Obergrenze für Wanderinnen und Wanderer von 280 m ist diese Plattform allerdings nicht erreichbar bzw. nur in Begleitung autorisierter Guides (Bergführeragentouren ☞ Bonustour). Nach Ansicht des Autors ist der Blick(winkel) von der 400-m-Plattform aber nur unwesentlich besser als von dem Aussichtspunkt auf 280 m Höhe.

Hinunter geht es auf dem gepflasterten Weg in etwa 30 Min. zum von oben gut sichtbaren weißen Gebäude des Osservatorio (km 5,7, ⇧ 110 m).

Pizzeria Osservatorio, ☏ 090/958 69 91, www.ristoranteosservatoriostromboli.com, April bis Oktober täglich ab etwa 16:00, Pizzen gibt es ab etwa 19:00. Legendäre Pizzeria in ehemaliger Marine-Beobachtungsstation, angeblich die einzige Pizzeria mit Blick auf einen (aktiven) Vulkan. Die große Terrasse ist neu gestaltet und bietet tolle Blicke auf den Vulkan. Die Pizzen sind erstaunlicherweise richtig gut. Die Gäste

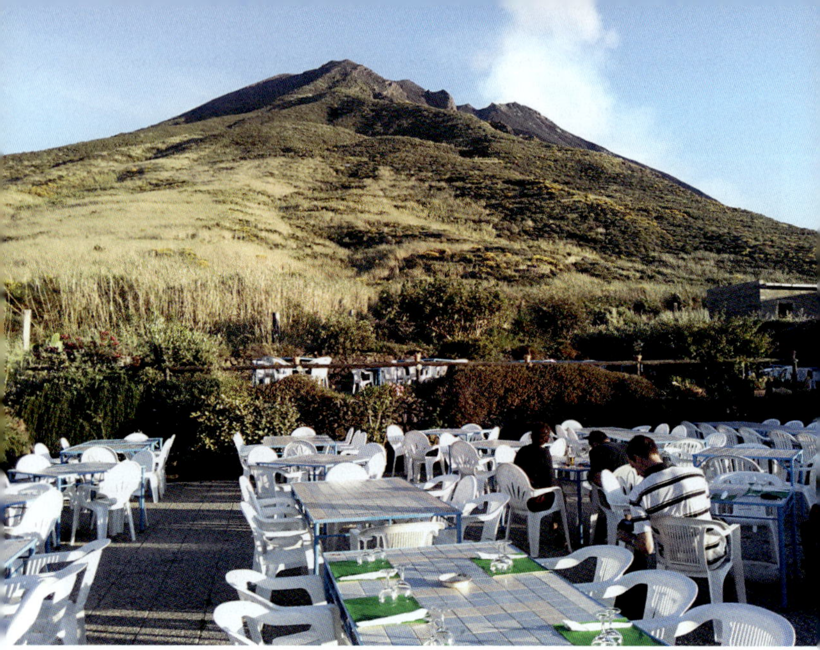

*Pizzeria Osservatorio mit Vulkanblick*

kommen v. a. wegen des Vulkans und würden wohl auch bei einer Tiefkühlpizza nicht wegbleiben.

Für den Weg zurück folgen Sie der kleinen Zufahrtsstraße zur Pizzeria, die sich auch im Dunkeln (mit Taschenlampe) problemlos gehen lässt. Bis zum Hafen sollten Sie etwa 1 Std. rechnen. Rund 30 Min. nach der Pizzeria erreichen Sie am Anfang der Siedlung Piscita eine T-Kreuzung ❸ (km 7,5, ⇧ 10 m) und folgen der kleinen Straße nach rechts, nach 100 m durch die Linkskurve und vorbei an der baufälligen und meist verschlossenen Kirche San Bartolo. 700 m nach der Kirche folgen Sie der Straße nach dem Sportplatz durch einen Linksknick und laufen weiter auf die Kirche San Vincenzo zu. Direkt vor der Kirche passieren Sie zur Linken ein rotoranges Haus, vor dem eine Gedenktafel an den Aufenthalt von Ingrid Bergmann und Roberto Rosselini in eben diesem Haus anlässlich der Dreharbeiten zu dem Stromboli-Film 1949 erinnert. Die beiden logierten hier, während der Rest der Filmcrew in dem weiter unten an der Küste liegenden Hotel La Sirenetta einquartiert war.

## „Stromboli, Terra di Dio" – kein Kassenschlager, aber Klatsch

1949 drehte der italienische Regisseur **Roberto Rosselini** den Film „Stromboli, Terra di Dio" mit **Ingrid Bergmann** in der Hauptrolle. Bekannt wurden der Film und damit die Insel Stromboli durch das „Ergebnis" der Liaison zwischen diesen beiden (nicht miteinander!) verheirateten Hauptpersonen: Isabella Rosselini.

Der Film selbst war kein großer Erfolg und die Handlung eher banal: Die Litauerin Karin Björnsen alias Ingrid Bergmann, ein Kriegsflüchtling, heiratet einen italienischen Soldaten, im Hauptberuf Fischer auf Stromboli, weil ihr die Einreise nach Italien ohne Eheschließung nicht gelingt. Ebenso wenig gelingt ihr die Integration in die (verschlossene) Inselgemeinschaft. Ausgedehnte Szenen dokumentieren das Alltagsleben auf Stromboli im Jahr 1949, z. B. ein Thunfisch-Gemetzel und verschiedene Bräuche. Einzige Ansprechpartner für Karin sind der Pfarrer und Remigranten, weil des Englischen mächtig. Einem ebenfalls Englisch sprechenden Leuchtturmwärter schenkt sie etwas zu viel Aufmerksamkeit für die damalige Zeit …

Der Film wurde wegen Meinungsverschiedenheiten des italienischen Regisseurs und der amerikanischen Produktionsfirma in zwei Varianten gedreht: die amerikanische mit kommerzieller Priorität ist kürzer und mit Happy End, die italienische mit künstlerischem Anspruch ist länger und mit offenem Ende – Ingrid alias Karin flieht (wenig vorbildlich ohne Guide und Bergstiefel) über den Vulkan aus dem Dorf, während der Vulkan ausbricht, was damals übrigens nicht getrickst wurde. Das Filmteam hatte Glück und erwischte eine der aktivsten Phasen jener Zeit.

Gleich nach der Kirche erreichen Sie wieder die Bar Ingrid. Zurück zum Hafen folgen Sie der Hauptgasse abwärts.

Bei einer Gabelung nach 300 m halten Sie sich links, gehen links an der Polizeistation vorbei und erreichen kurz darauf den Hafen.

# ㉒ Kurze Rundwanderung bei Ginostra

*Tour für Landschaftsgenießerinnen und Landschaftsgenießer*

*Diese Tour ist eher ein kleiner Spaziergang bei einem Dorf mit rund 50 Einwohnerinnen und Einwohnern, das nur schwer zu erreichen ist. Es gibt auf Stromboli keine Landverbindung (außer über den Vulkan, aber das ist ohne Guide ja verboten!) zwischen der Hauptsiedlung auf Stromboli rund um San Vincenzo und dem kleinen Fischerdorf Ginostra, das sich nur mit Linienschiffen oder Privatbooten erreichen lässt. Dieser Spaziergang führt durch das Dorf Ginostra und zu einem netten Aussichtspunkt oberhalb der Sciara del Fuoco.*

Start/Ziel: Ginostra, Hafen, GPS N 38°47,134' E 015°11,375'

3,6 km

1 Std. 30 Min.

215 m/215 m; An-/Abstieg überwiegend am Stück

2-140 m

gelegentlich Wegweiser

gepflasterte Gassen mit Stufen und über Pfade

zwei Bars in Ginostra

Sitzbank am Aussichtspunkt Punta dei Corvi (km 2)

kleiner Laden Typ Tante Emma nahe der Kirche

Die Wanderung ist für Kinder gut geeignet, da sie nicht zu steil und nicht zu lang ist.

für Buggys mäßig geeignet: Weg mit einigen Stufen

Hunde können problemlos mit.

wenige tägliche Schiffsverbindungen zwischen Stromboli und Ginostra mit Fähre (30 Min.) oder Schnellboot (10 Min.) für jeweils rund € 9

- ab Stromboli nach Ginostra: Fähre Mi und Sa 6:15, Di und Fr 13:30, Schnellboot täglich 7:15 und 11:40
- ab Ginostra nach Stromboli: Fähre Di und Fr 12:35, Mo und Do 20:45, Schnellboot täglich 10:15 und 16:00
- Außerdem bieten mehrere private Anbieter Bootsfahrten nach Ginostra an, in der Regel als Teil einer Stromboli-Umrundung (etwa € 25). Die Anbieter stehen in scharfem Wettbewerb und buhlen oft am Hafen um potenzielle Kundinnen und Kunden … „Platzhirsche" sind Pippo, ☏ 090/98 61 35, 34 80 55 92 963 und Frank,

☏ 090/98 60 73, 📱 33 92 62 66 61, ✉ info@casafrank.com. Ein kleinerer Anbieter ist Paolo mit seinem Schlauchboot, 📱 33 84 31 28 03.

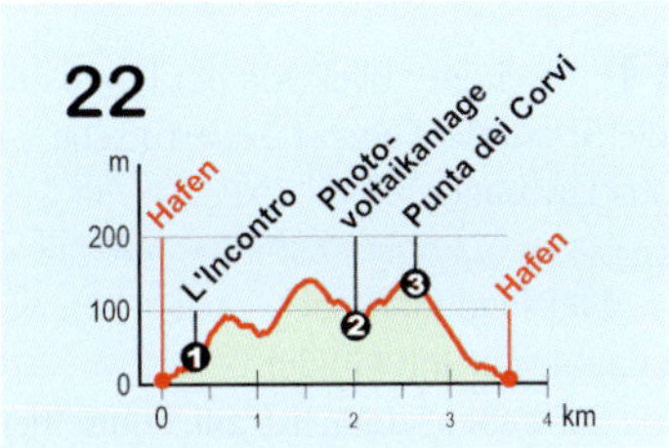


Die kurze Rundwanderung beginnt am Hafen von Ginostra, der früher im Guinnessbuch der Rekorde als weltweit kleinster Hafen aufgeführt wurde. Diesen Superlativ hat Ginostra eingebüßt, als um 2005 der Hafen mit einer neuen Mole vergrößert wurde.

Sie folgen dem rampenartig angelegten Weg in Serpentinen hinauf zu einem (Welt-)Kriegsgefallenendenkmal am Anfang des Dorfes (km 0,2, ⇧ 30 m). Hier geht es rechts auf dem Maultierpfad aufwärts, vorbei an einer Einkehrgelegenheit ❶.

✗ Bar L'Incontro, Via Sopra Pertuso, ☏ 090/981 23 05, sporadisch

Bei der Bar halten Sie sich rechts und nach 150 m noch einmal rechts, um kurz darauf dem Pfad links und etwas später rechts zu folgen, immer ansteigend.

Bei einer T-Kreuzung vor einer Mauer (km 0,6, ⇧ 90 m) gehen Sie links, relativ eben am Hang entlang und passieren nach 50 m zur Rechten den umzäunten Friedhof. Weiter geht es oberhalb von Ginostra am Hang entlang. Nach links abzweigende Wege ignorieren Sie und wandern bei einer Kreuzung geradeaus.

100 m nach der Kreuzung stoßen Sie auf einen Querweg nördlich von Ginostra (km 1,1, ⇧ 60 m) und folgen ihm rechts aufwärts, Ginostra im Rücken. Nach einigen Minuten ragen rechts hinter den Canna-Gräsern die Paneele einer Fotovoltaikanlage auf ❷.

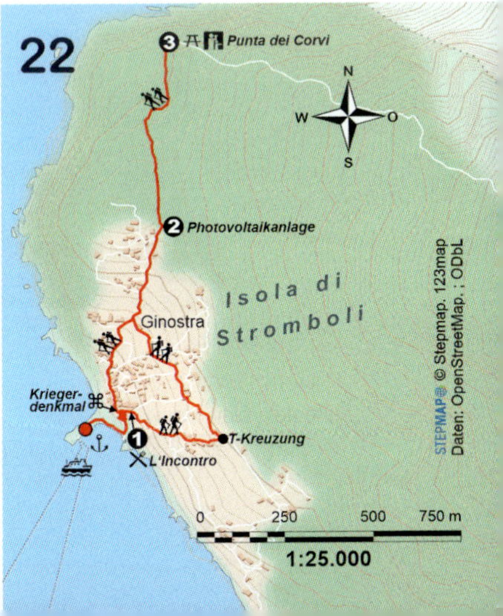

Nach gut 30 Min. erreichen Sie nach einem kurzen Anstieg ein kleines Plateau mit ⛼ Bank oberhalb der Sciara del Fuoco, die Punta dei Corvi ❸ (km 2, ⇧ 95 m).

schöner Blick von der Punta dei Corvi auf den Gipfel sowie nach unten auf die Sciara del Fuoco („Feuerrutsche", Infos ☞ Tour 21), einen riesigen Abhang aus Lavasand

Der Pfad führt nach rechts oben weiter zum Gipfel (derzeit gesperrt und wenn erlaubt, nur mit Guide).

Sie gehen zunächst auf demselben Pfad zurück wie beim Hinweg. Bei der Gabelung 300 m nach den Sonnenpaneelen ❷ nehmen Sie aber nicht wie beim Hinweg den Weg links oberhalb von Ginostra, sondern folgen geradeaus abwärts dem Maultierpfad hinunter in das Dorf, vorbei an Post, Kirche und Laden zum Hafen.

*Fischer auf Stromboli*

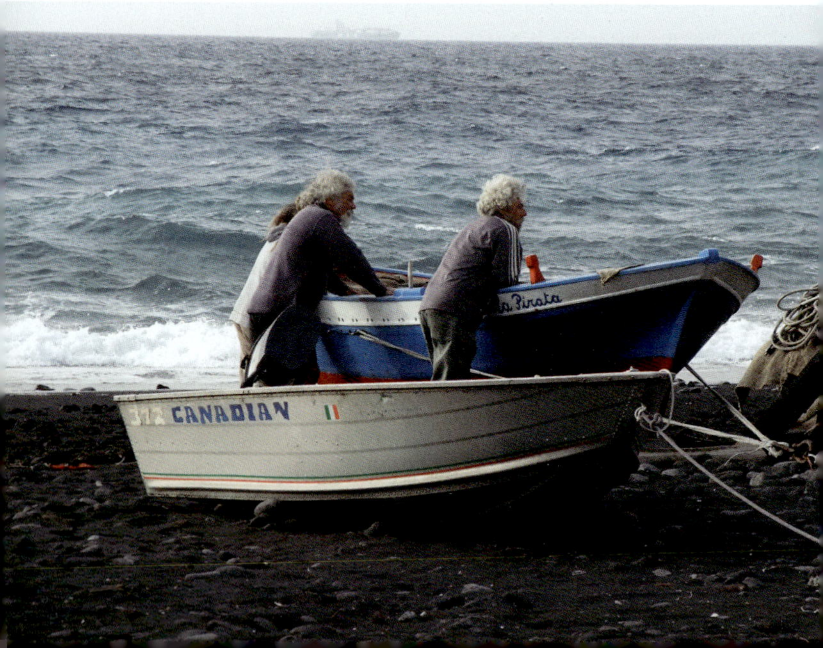

# Bonustour: Wanderung auf den Gipfel

*Tour für Gipfelstürmerinnen und Gipfelstürmer und Vulkanfans*

*Diese Tour ist bzw. war* ***der*** *dramaturgische Höhepunkt der Liparischen Inseln: Nachmittags geht es in Begleitung eines Guides auf den Vulkan, dessen Eruptionen erst bei Dunkelheit so richtig zur Geltung kommen. Nach dreistündigem Anstieg hat man oben knapp 30 Min. Zeit, um die feurigen Fontänen auf Augenhöhe aus etwa 300 m Entfernung zu beobachten. Mit Taschenlampe geht es in 1 Std. 45 Min. abwärts, großteils über weichen Vulkansand.*

*Leider ist diese Tour seit besonders starken Eruptionen im Jahr 2019 nicht mehr möglich und ein Aufheben des Vulkanverbots ist derzeit nicht absehbar. Als absoluter Höhepunkt – wenn möglich – ist diese Tour dennoch beschrieben, wenn auch nur knapp.*

- Start/Ziel: Stromboli, Kirche San Vincenzo bzw. Bergführerbüros, GPS N 38°48,175' E 015°14,276'
- 8 km
- 5 Std.
- 900 m/900 m; An-/Abstieg überwiegend am Stück
- 30-915 m
- keine, aber Führung
- Bergpfad über Schotter und Vulkansand, am Anfang und Ende Gassen
- Einkehrgelegenheiten am Start/Ziel, ideal gelegen ist die Bar Ingrid direkt an der Kirche San Vincenzo
- keine Rastplätze/Sitzbänke, am Gipfel etwa 30-minütige Pause (ohne Sitzgelegenheit)
- Einkaufsgelegenheit nahe dem Start/Ziel
- durch die Steigung recht anstrengend, aber ein ereignisreicher Höhepunkt für Kinder
- für Buggys ungeeignet
- Hunde dürfen mit auf den Gipfel und sind beim Bergführerbüro Famularo gratis. Aber die Vierbeiner müssen (O-Ton eines Bergführers) „trittsicher und folgsam" sein und dürfen „keine Angst vor lauten Geräuschen haben".
- Wegen des spektakulären Charakters hatte sich der Vulkanaufstieg bis 2019 zu einer Massenveranstaltung entwickelt, wobei pro Abend nicht selten mehr als 15 Gruppen mit offiziell jeweils bis zu 20 Personen hinaufstiegen. Dieses Kolonnegehen war

anstrengend und gerade beim Abstieg eine sehr staubige Angelegenheit. Und die offizielle Gruppenobergrenze wurde von manchen Guides nicht immer konsequent eingehalten ... Bei dieser Wanderung war/ist also weniger der Weg das Ziel, sondern der Vulkangipfel selbst mit seinen feurigen Eruptionen.

## Tipps zur Planung:

▷ Beim Aufstieg sollten klare Sicht und nach Möglichkeit kein Westwind herrschen, weil dann das Gipfelerlebnis geruchlich durch allerlei Gase getrübt wird, darunter Schwefelwasserstoff.

▷ Oben am Krater kann es trotz feuriger Ausbrüche bitterkalt werden, v. a. bei viel Wind und/oder sternenklarem Himmel. Durch Abkühlung kann die Temperatur im Frühjahr/Herbst schon mal unter 10 °C absinken! Auf jeden Fall sollten Sie eine lange Hose sowie mehrere Lagen Kleidung mitnehmen, z. B. Funktionswäsche, Fleece und Outdoorjacke gegen Wind. Wer schnell stark schwitzt, sollte einen zweiten Satz Oberkleidung dabeihaben. Für den Abstieg ist eine Taschenlampe obligatorisch, idealerweise Stirnlampe.

## Strenge Regeln für den Vulkanaufstieg

Wenn überhaupt, ist die Besteigung des Vulkans nur mit Guide erlaubt. Bis 2002 interessierte kaum jemanden das Verbot und es wimmelte oben von Backpackern, die im Schutze von Steinmauern ihre (leicht brennbaren!) Schlafsäcke ausrollten. Nach starken Eruptionen 2002/2003 und 1,5 Jahre währender Sperrung wurde ein neuer (einfacherer) Weg für den Aufstieg angelegt, und die strengeren Regeln wurden auch eingehalten. Diese schrieben eine ausreichende gesundheitliche Verfassung vor, eine Helmpflicht im Gipfelbereich (Helm wird/wurde von Bergführeragentur gestellt) sowie einen reglementierten Aufstieg in von autorisierten Guides geführten Gruppen mit jeweils max. 20 Personen.

Die Führung kosteten zuletzt im Rahmen einer Gruppe etwa € 25 p. P.

### Bergführeragenturen (Auswahl):

- Il Vulcano a piedi, Antonio Famularo, Via Pizzillo, ☏ 090/98 61 44, 📱 36 63 64 51 25, ✉ info@ilvulcanoapiedi.it, 💻 www.ilvulcanoapiedi.it. Das kleine Büro liegt oberhalb vom Hafen.
- Magmatrek, ☏ 090/986 57 68, 💻 www.magmatrek.it, Büro hinter der Kirche San Vincenzo. Magmatrek ist Marktführer.

Die Büros der Bergführeragenturen sind in der Regel vormittags (etwa 10:00-12:00) sowie nachmittags (etwa 15:00-18:00) geöffnet.

Die Websites der Bergführeragenturen informieren nicht oder nur oberflächlich über das schon Jahre währende Vulkanverbot – das wäre ja geschäftsschädigend ...

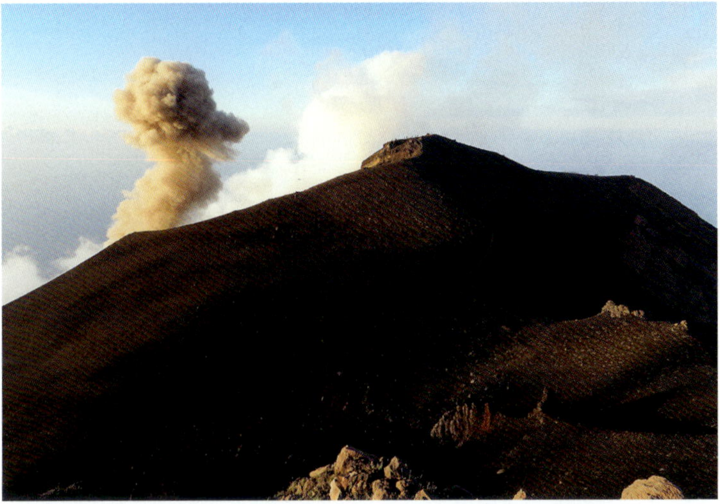

*Gipfelbereich des Stromboli*

Die Vulkanwanderungen starten bei den Büros der Bergführeragenturen (☞ Kasten).

Nach Klärung der Formalitäten machen sich die Gruppen mit den Guides auf den Weg. Die Gruppen sind oft international bunt zusammengewürfelt. Am Bergführerbüro gibt es Helme, die zunächst im/am Rucksack verstaut und kurz vor dem Gipfel aufgesetzt werden müssen.

Kurz nach dem Verlassen des Ortes beginnt der anstrengendste Teil der Tour: Es geht über einige recht hohe Stufen aufwärts, vorbei am alten Friedhof ❶. Später, nach insgesamt etwa 45 Min., nimmt die Steigung ab, der Weg ist nun weniger steil und strebt in Serpentinen gemächlich ansteigend dem Gipfel entgegen.

Das Gehtempo ist moderat, was dem Umstand geschuldet ist, dass die Guides die Grenzen ihrer „Schäfchen“ nicht kennen. Etwa alle 45 Min. wird eine kurze Pause von etwa 10 Min. eingelegt.

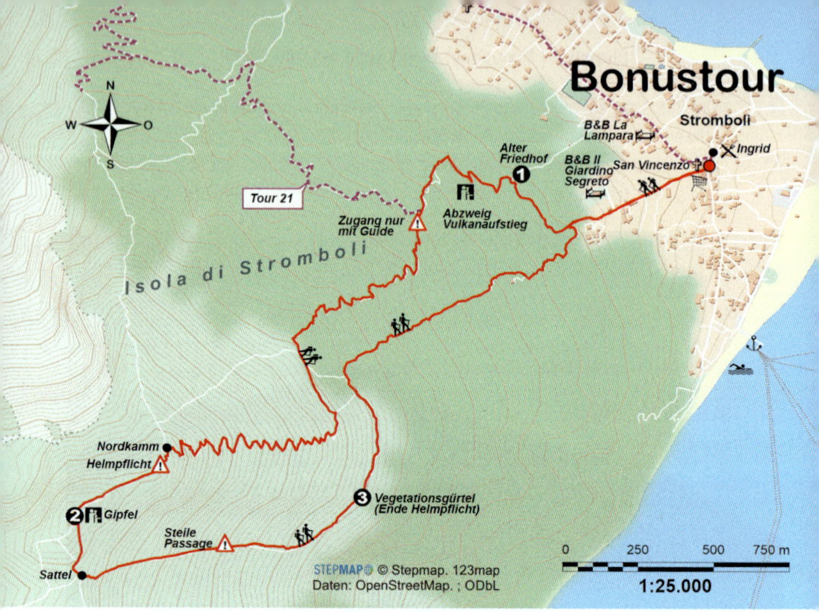
Bonustour
N
W
O
S
Stromboli
B&B La Lampara
Alter Friedhof
B&B Il Giardino Segreto
San Vincenzo
Ingrid
Tour 21
Zugang nur mit Guide
Abzweig Vulkanaufstieg
Isola di Stromboli
Nordkamm
Helmpflicht
Gipfel
Sattel
Steile Passage
Vegetationsgürtel (Ende Helmpflicht)
0 250 500 750 m
1:25.000
STEPMAP © Stepmap. 123map
Daten: OpenStreetMap. ; ODbL

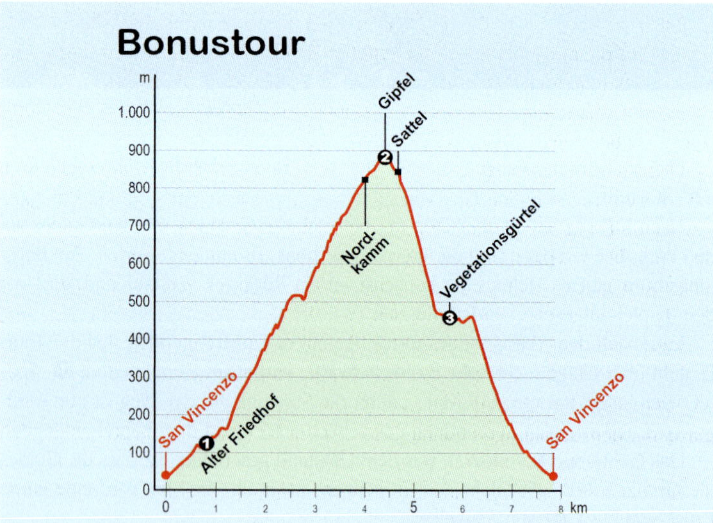
Bonustour
m
1.000
900
800
700
600
500
400
300
200
100
0
Gipfel
Sattel
Nord-kamm
Vegetationsgürtel
San Vincenzo
Alter Friedhof
San Vincenzo
0 1 2 3 4 5 6 7 8 km

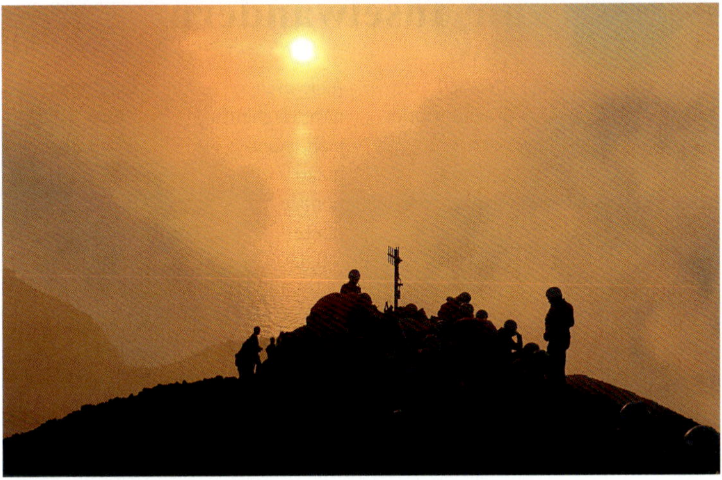

*Sonnenuntergang am Stromboli-Gipfel*

Nach etwa 2 Std. 30 Min. (km 4, ⇧ 890 m) erreichen Sie den Nordkamm, von wo aus die Krateröffnungen mit Eruptionen aus größerer Nähe zu sehen sind. Kurz darauf muss der Helm getragen werden. Spätestens hier sollten Sie sich trocken/warm ankleiden, weil gleich der Gipfel bzw. Beobachtungspunkt erreicht wird – oft bei Wind.

Oben angekommen ❷ kann man für die knapp 30 Minuten Verweilzeit auf schöne Ausbrüche hoffen (km 4,4, ⇧ 915 m). Die etwa sechs Krateröffnungen sind rund 400 m vom Beobachtungspunkt entfernt und liegen in einem nach Norden hin offenen Krater mit einem Durchmesser von rund 250 m.

Der Abstieg – eine staubige Angelegenheit – führt zunächst in einen Sattel (km 4,7,  835 m), wo ein sehr steiler, halbstündiger Abstieg durch Vulkansand beginnt – am besten im „Hackengang" abwärtsrutschend wie bei Dünen.

Diese steile Passage wird wegen der Gefahr des Steinschlags von oben zügig und mit Helm durchgegangen. Nach 30 Min. wird der schützende Vegetationsgürtel mit dem schilfartigen Canna-Gras erreicht ❸ (km 5,7, ⇧ 460 m), wo Zeit ist, um den Helm abzunehmen und, falls nötig, Sand aus den Stiefeln zu kippen.

Ab hier führt der Weg ein kurzes Stück aufwärts und dann durch das Canna-Gras in einer ausgewaschenen Rinne hinunter in das Dorf.

# Kleiner Sprachführer zum Inselwandern

| *Italienisch* | *Deutsch* | *Italienisch* | *Deutsch* |
|---|---|---|---|
| aliscafo | Tragflügelboot | nave/traghetto | (Auto-)Fähre |
| alto, alta | hoch | pian, piano | (Hoch-)Ebene |
| aperto | geöffnet | pizzo | Gipfel |
| bivio | Abzweigung | pomice | Bimsstein |
| borgo | Dorf | ponte | Brücke |
| bosco | Wald | rifugio | Schutzhütte |
| cammino | Feldweg | rocchetta | felsiger Berg |
| cascata | Wasserfall | sentiero | Pfad |
| castello | Burg | sorgente | Quelle |
| chiuso | geschlossen | spiaggia | Strand |
| cima | Gipfel, Scharte | strada | Straße |
| corno | Horn | timpone | Berg, Gipfel (Dialekt) |
| costa | Bergrücken | | |
| cresta | Grat | torrente | Bach |
| fonte | Brunnen | val, vallone | Tal |
| isola | Insel | via | Weg, Route |
| lontano | fern | vicino | nah |
| monte | Berg | vietato | verboten |
| mulatierra | Saumpfad | | |

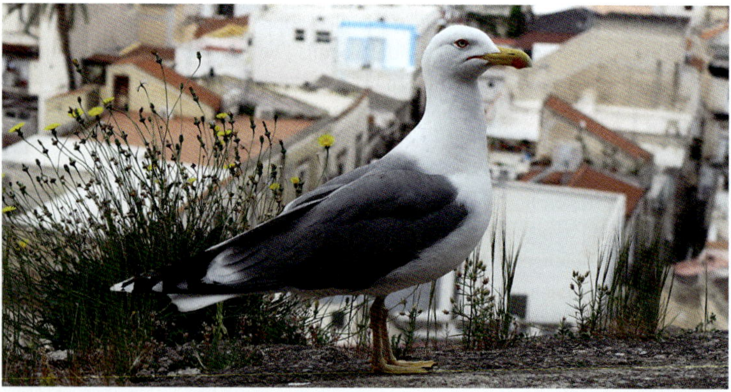

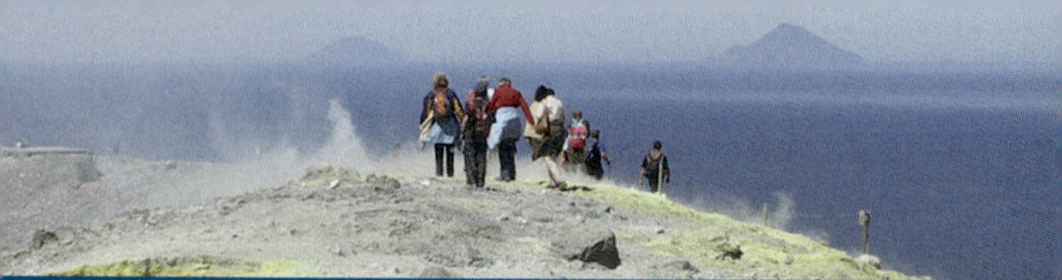

# Wir sind die Spezialisten.

**Siabella veranstaltet seit 1997 Reisen auf die Äolischen Inseln.**

Dank unserer langjährigen Erfahrung und nach mehr als 200 Aufenthalten sind wir bestens vernetzt. Wir vermitteln auf jeder Insel Unterkünfte nach jedem Geschmack und für jedes Budget. Alle sind persönlich ausgesucht und erprobt. Wir kennen die Bootsführer, die individuelle Touren anbieten: Ausflüge zum Sonnenuntergang mit Aperitivo, Fahrten zum Tauchen und unter die Feuerrutsche, haben Tipps für Restaurants, Weinkeller mit Verköstigungen, Pizzerien, Eisdielen, Bars, Fahrrad- und Vespavermieter. Wir organisieren Ihre individuelle Reise mit Inselhüpfen, inklusive An- und Abreise, gerne umweltverträglich mit Zügen und Fähren sowie Verlängerungsaufenthalte in Neapel und auf Sizilien.

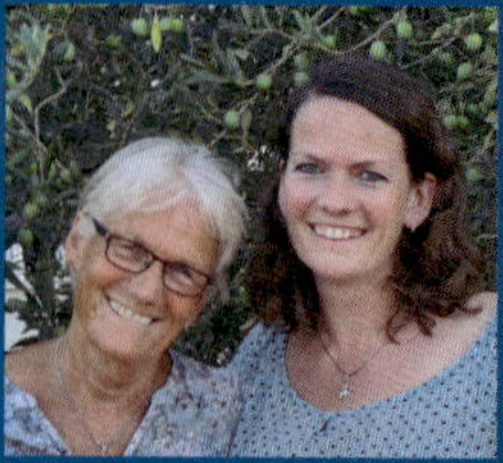

Siabella ... natürlich reisen!


Ruth Janssen
Mobil: +49 15111687327
Sibylle Janssen
Mobil: +49 15773807876
E-Mail: mail@siabella.de
www.siabella.de


Siabella

...natürlich reise

Siabella veranstaltet Wunschreisen nach Maß in ganz Italien - Schwerpun Sizilien. Natur und Kultur zum Genießen mit allen Sinnen: Wander-, Kultur Städte-, Familien-, Sprach-, Vespa-, Rad-, Motorrad- sowie Kulinarische Reisen. Wir organisieren Ihre Feste: Geburtstage, Jubiläen, Hochzeiten.

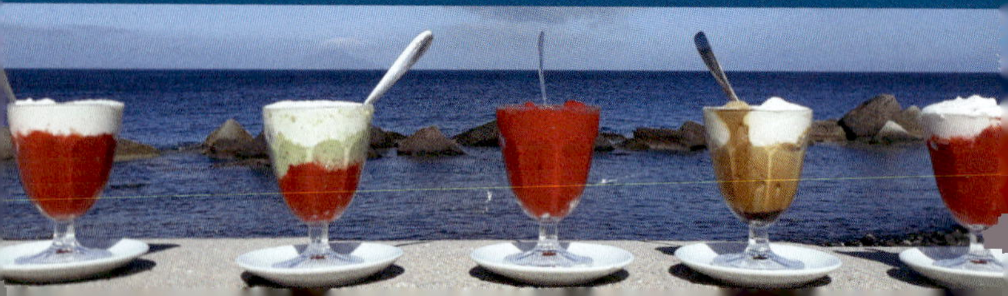